남길 것 버릴 것 간직할 것

남길 것 버릴 것 간직할 것

Keep It Leave It Cherish It

정예주 지음

공간의 가치를 되살리는 라이프 시프트 정리법

큰숲

일러두기
* 이 책에 등장하는 인물들의 이름은 모두 가명으로 표기했습니다.

정리는 죽어서 하는 게 아니라 살아서 하는 겁니다

내가 15년간 매일 현장에 나가는 이유

일을 시작한 지 15년, 저는 지금도 현장에 나갑니다. 너무 힘들지 않냐, 이제 그만 나갈 때도 되지 않았냐, 직접 나가지 않으면 사업을 더 키울 수 있을 텐데 시간이 아깝지 않냐. 주변에서는 매번 저를 말리지만 여전히 현장에서 고객의 얼굴을 마주합니다.

가끔은 저 자신조차 내가 왜 이렇게 현장을 고집하는지 궁금해집니다. 하지만 그 궁금증은 현관문을 열고 고객을 보는 순간 '아하!' 하고 풀립니다. 공간에 스며 있는 사람들의 이야기가 말문을 열기도 전에 밀려들기 때문이죠. 어쩌면 제가 현장에 꼭 가려는 이유가 정리를 무척 좋아해서이기도 하지만, 사람들이 오랫동안 품어온 이야기를 듣고 싶어서인지도 모르겠습니다..

때로는 도대체 어떻게 이런 곳에서 살았지 하는 생각이 들 만큼 심각한 집도 만납니다.

"우리 집도 정리가 될까요?"

의뢰한 분도 혼란스러운 모습을 보입니다. 어질러진 집을 정리할 힘조차 없는 모습, 그게 바로 그분의 마음 상태일 테죠. 그러나 정리를 의뢰한 이유는 다시 시작해보겠다는, 포기하지 않겠다는 의지 때문 아닐까요. 천천히 대화하며 어떤 집에서 살고 싶은지 이야기 나누다 보면 축 처져 있던 어깨가 반듯해지고 흐릿하던 눈에 빛이 돌아옵니다.

"왜 정리를 하려고 하세요?"

제가 이렇게 말을 시작하면 가족과의 갈등, 강박, 우울증 등을 고백하는 분도 많습니다. 그저 집 정리를 하려고 만났을 뿐인데, 눈물을 펑펑 흘리며 아무에게도 하지 못했던 이야기를 꺼냅니다. 어떤 분은 떠난 가족을 잊지 못해 과거의 기억을 잔뜩 껴안고 있습니다. 누군가는 "쓰지도 않을 물건을 쌓아두면 뭐 하나?"라며 혀를 찰지도 모르지만, 저는 조금 다르게 생각합니다. 그분이 안고 있는 것은 물건이 아니라 추억이고, 떠난 사람을 그리워하는 마음이라고요.

그동안 저는 집 정리를 하며 1만 명 이상을 만났습니다. 그리고 '정리'에서 우선할 것은 사람의 마음을 알아주는 것이고, 정리는 그다음이라고 생각하게 됐습니다. 사람들이 어떻게 살아가는지, 무엇 때문에 불행하고 행복한지 알게 되었죠.

정리하면서 삶의 우선순위를 찾았다는 분도 있습니다. 정리를 통해 과거에서 벗어나 현재를 살게 되었다는 분도 있었죠. 정리가 삶의 터닝포인트가 되었다는 분도, 자신감을 얻어서 미뤄두었던 일을 시작했다는 분도 있습니다.

어떤 이유에서든 집 정리는 자신의 마음과 공간과 삶을 새롭게 들여다보는 일입니다. 각자 다른 이유로 시작하지만, 결국 정리는 삶을 살리는 일임을 저는 매번 깨닫습니다. 제가 만나는 모든 사람을 바꿀 수는 없지만, 제 일이 한 사람의 인생을 치유할 수 있다면 그것만으로도 감사한 일입니다.

정리에 대한 의문도, 삶에 대한 궁금증도, 해소되지 않았던 일에 대한 고민의 답도 언제나 현장에서 찾았습니다. 그게 제가 매일 현장을 방문하는 이유이자, 정리라는 업을 지금까지 할 수 있었던 원동력입니다.

정리는 우울한 나를 다시 일으켜 세웠다

저는 나무를 때서 난방하는 시골에서 자랐습니다. 가난했고, 특별히 잘하는 것도 없었죠. 고등학교를 졸업하고 열아홉 살부터 한복 매장 직원, 사무실 경리, 백화점 패션 매장 매니저로 일했습니다. 30대 중반에 결혼해서 아이 낳고 살림하는 재미에 빠지기도 했지만 마흔이 될 무렵 우울감이 덮쳐왔습니다.

가족의 행복이 내 행복인 줄 알았는데, 거울에 비친 저는 전혀 행복하지 않았어요. 무턱대고 그렇게 믿고 살아왔는데, 얼마나 헛된 집착이었는지 깨닫자 견딜 수 없이 허탈했죠. 마음에 커다란 구멍이 뚫린 것 같았습니다.

그런 자신을 견딜 수 없어 일을 찾기 시작했습니다. 집에서도 잠시도 앉아 있지 않고 청소기와 박스 테이프를 들고 다니며 정리를 했어요. 이런 저를 보던 지인들이 "차라리 정리를 직업으로 해보면 어때?"라고 말하더군요.

'정리를 직업으로 삼는다고?'

처음엔 말도 안 된다고 생각했습니다. 손끝이 야무지고 정리를 잘한다는 소리는 제법 들었지만, 그걸로 돈을 번다니? 생각도 해본 적 없었거든요. 그런데 정리를 직업으로 이어간다는 말에 차츰 가슴이 설렜습니다. 일은 그저 돈을 벌기 위해 필요한 것이라고만 생각했는데, 정리 일을 생각하는 것만으로도 설렘을 느끼다니! 첫사랑에 빠진 소녀 같앉습니다.

 본격적으로 정리 일을 배우고 현장에 투입된 후에는 진짜 신바람 나게 일했습니다. 좋아하고 잘하는 일을 하면서 살 수 있다는 생각에 하루하루 물 만난 고기처럼 펄떡였죠. 정리의 세계는 놀라웠습니다. 배우면 배울수록 실력이 늘었고, 정리에 대한 저만의 생각도 하나둘 생기기 시작했습니다.

정리는 삶의 주도권을 되찾는 일

수많은 집을 정리하며 가장 크게 느낀 점은 우리가 너무 많은 물건을 '모으며' 산다는 점입니다. 하지만 우리나라처럼 가족이 중심인 사회에서 물건을 다 버릴 수는 없습니다. 다만 확실한 점은, 정리를 하려면 집 안으로 뭔가를 가지고 오지 않아야 한다는 것입니다. 많은 분이 빵 봉지 묶는 끈, 쇼핑백, 고무줄, 비닐 포장지 같은 걸 너무 많이 모읍니다. 특히 정이 많아서 물건을 더 못 버리는 듯합니다. 처음에 저는 "무조건 버리세요"라고 했지만, 무조건 버리는 것이 전부는 아니라는 것을 깨달았습니다. 이제는 기왕 집에 있는 물건이라면 잘 활용하고, 더 사거나 집에 들이지 않으시도록 권하죠.

 제가 정리를 할 때 물건보다 더 중요하게 보는 건 집의 분위기입니다. 정리를 위해 집에 들어가면 그 가족이 행복한 정도가 보입니다. 어떤 부모는 아이에게 집착해서 늘 같이 생활하고, 아이가 다 커도 데리고 잡니다. 이때 아이 방을 제대로 만들어주면 그때부터 아이가 독립을 합니다. 또 집 안에 남편의 공간이 거의 없으면 부부 사이가 안 좋은 경우가 많습니다. 독립된 공간을 따로 만들기 어려우면 서랍장이나 옷장 한 칸이라도 오롯이 남편의 물건을 두는 곳으로 정하는 것이 좋습니다. 정리하면서 공간과 물건을 통해 자신을 돌아보는 분들은 가족 관계가 바뀌기도 하는데, 이거야말로 '정리의 마법'이 아닐까 합니다. 그런 점에서 정리는 지난 삶을 돌아보고, 현재의 목표를 설정하며, 새로운 시작을 준비하는 과정입니다.

우리가 쌓아온 물건들에는 우리가 살아온 흔적이 담겨 있습니다. 그런데 물건이 너무 많아서 삶을 가로막고 있다면요? 불필요한 물건을 껴안고 사는 대신 진정으로 원하는 삶을 만들어가야 하지 않을까요? 내 삶의 주인이 내가 아니라 물건인 삶은 비참합니다. 물건을 현명하게 쓰는 게 아니라 모시고 살아가기 때문이죠. 정리의 핵심이 단순히 수납이나 버리기가 아닌 이유입니다.

정리는 삶의 주도권을 되찾는 일입니다. 우리는 정리를 통해 과거와 화해하고, 현재를 직면하며, 미래를 준비할 수 있습니다. 그렇기에 정리는 죽어서 하는 것이 아니라 살아서 해야 합니다.

세 번째 책을 내기까지 저는 오랫동안 고민했습니다. 이 이야기들이 제 안에 쌓이기를 기다렸죠. 개인적으로 가장 하고 싶었던 이야기를 담았지만, 동시에 정리 전문가로 독자들에게 실제로 도움이 되는 내용들을 채웠습니다.

정리가 어렵다고 해서 불가능한 것은 아닙니다. 처음부터 완벽하게 할 필요도 없고요. 중요한 것은 한 걸음씩 나아가는 겁니다. 여러분이 이 책을 통해 지금까지 왜 정리가 어려웠는지 이해하고, 지금 바로 시작할 수 있다는 용기를 얻길 바랍니다. 우리의 인생에서 나 자신을 위해, 그리고 내 삶을 위해 정리를 해야 할 때가 있다면 바로 지금, 이 순간입니다.

정희숙

> 차례

005 **프롤로그** 정리는 죽어서 하는 게 아니라 살아서 하는 겁니다
014 **체크리스트** 내 삶에 정리가 필요할 때

[1장] 누구나 내 집을 되돌아보는 날이 온다

019 어느 날 집이 나를 밀어냈다
029 함께 사는 공간이 무너져 내린 날
038 가난하고 우울해서 정리를 시작했다
049 숨 막히는 공간을 숨 쉬는 공간으로
058 작별 인사를 해야 할 때
066 정리가 나를 다시 살게 했다

[2장] 무엇을 남기고 무엇을 떠나보낼 것인가

077 내 삶을 무겁게 하는 것들과 작별하라
085 남길 것만 남겨라
093 기준 없는 정리는 시간 낭비다
100 무조건 버린다고 해결되지 않는다
107 작은 정리 습관이 가져온 변화
116 시간을 내 편으로 만들어라
122 정리는 삶을 재구성하는 과정이다

[3장] 삶의 균형을 위한 5단계 정리 원칙

- 129 **똑똑한 정리 0단계** ○ 정리가 무엇인지 이해하기
- 137 **똑똑한 정리 1단계** ○ 흩어진 물건을 분류하기
- 162 **똑똑한 정리 2단계** ○ 필요한 것을 구분하는 비우기
- 172 **똑똑한 정리 3단계** ○ 생활 패턴에 맞춰 수납하기
- 183 **똑똑한 정리 4단계** ○ 제자리를 유지하기

[4장] 집의 시간과 삶의 시간을 맞춘다

- 199 인생 주기에 맞춘 정리가 필요한 이유
- 205 **독립** ○ 처음으로 나만의 공간을 갖게 될 때
- 212 **결혼** ○ 두 사람의 물건이 한 공간에 모일 때
- 220 **육아기** ○ 물건이 폭발적으로 늘어나는 시기
- 228 **퇴직과 자녀의 독립** ○ 삶의 다음 장을 여는 정리
- 237 **시니어** ○ 가볍고 안전하게 나이 드는 삶

- 246 **에필로그** 마지막 순간, 우리는 무엇을 떠올릴까?
- 250 **체크리스트** 나는 공간을 효율적으로 쓰고 있는가?
- 253 오늘 당장 써먹는 정리 kick 10

체크리스트

내 삶에 정리가 필요할 때

다음 25개 항목을 읽고, 해당되면 ∨ 표시하세요.

정리 습관

- ☐ 하루에 한 번 이상 정리하는 시간을 가진다.
- ☐ 사용한 물건은 항상 제자리에 둔다.
- ☐ 책상 위를 항상 깔끔하게 유지한다.
- ☐ 필요 없는 물건이 보이면 바로 버리거나 정리한다.
- ☐ 계절별로 옷장을 점검하고, 입지 않는 옷은 정리한다.
- ☐ 비닐봉지, 쇼핑백, 박스는 꼭 필요한 것만 남기고 버린다.
- ☐ 사용하지 않는 물건은 중고로 판매하거나 기부한다.
- ☐ 주기적으로 냉장고와 다용도실을 점검하고 물건을 정리한다.
- ☐ 가방 속에 영수증, 사탕 껍질 등이 쌓이지 않는다.
- ☐ 쇼핑하기 전에 기존 물건 중 무엇을 정리할지 생각한다.

공간 활용과 수납

- ☐ 집 안에 있는 물건의 위치를 정확히 안다.
- ☐ 수납공간을 늘리는 것보다 물건을 줄이는 데 신경 쓴다.

☐ 책상 서랍이나 다용도 서랍이 정돈되어 있다.
☐ 책장엔 안 읽는 책보다 자주 읽는 책들이 꽂혀 있다.
☐ 욕실, 주방 등 사용 빈도가 높은 공간은 항상 정리돼 있다.
☐ 용도가 같은 물건 여러 개를 한 공간에 두지 않는다.
☐ 이사나 대청소할 때 물건 때문에 부담스럽지 않다.
☐ 비상시 필요한 물건(구급약, 공구 등)을 바로 찾을 수 있다.
☐ 계절이 바뀔 때마다 필요 없는 물건을 정리한다.
☐ 정리함을 구매하기 전에 그 안에 담을 물건들이 정말 필요한지 점검한다.

심리적 정리 습관

☐ 언젠가 필요할지 모른다는 이유로 물건을 쌓아두지 않는다.
☐ 정리할 때 '나중에'라는 핑계를 대지 않는다.
☐ 물건이 많을수록 불편하다고 생각한다.
☐ '정리를 위해 정리'하기보다 사용하기 편한 상태를 유지한다.
☐ 정리는 삶을 더 편리하게 만드는 과정이라고 여긴다.

결과 해석은 다음과 같습니다.

20개 이상 → 와우, 정리 마스터!
당신은 정리를 생활화하고 있으며, 공간과 시간을 효율적으로 사용하고 있습니다. 주변에 당신만의 정리 팁을 알려주세요.

10~19개 → 정리 습관이 좋은 편!
기본적으로 정리 습관이 있지만, 물건을 쌓아두거나 정리를 미루는 경향이 있습니다. 꾸준한 습관을 유지하세요.

5~9개 → 정리가 필요해요!
정리에 대한 의식은 있지만, 습관적으로 쌓아두거나 미루는 경향이 있네요. 정리 시간을 정해두고, 꼭 필요한 것만 남겨보세요.

0~4개 → 정리를 시작할 필요가 있습니다!
어떻게 시작해야 할지 막막한 상태군요. 우선 작은 공간부터 정리하면서, 하나를 들이면 하나를 버리는 원칙을 적용해보세요.

정리는 단순히 깔끔한 공간을 만드는 것이 아니라, 시간과 에너지를 절약하고 삶의 질을 높이는 과정입니다. 체크리스트로 자신의 정리 습관을 점검하고, 더 효율적인 생활을 위해 작은 변화를 시도해보세요!

1장

**누구나 내 집을
되돌아보는 날이 온다**

Keep It   Leave It   Cherish It

"우리는 왜 이렇게까지 쌓아뒀을까?
사실은 몰랐기 때문이다.
비워야만 지금을 살아갈 수 있다는 것을. 물건이 아니라
'나를 위한 공간'을 먼저 설계해야 한다는 것을.
정리는 나와 가족이 살 공간을 다시 설계하고
살아 있는 감각을 되찾는 구체적인 연습이다."

어느 날
집이 나를 밀어냈다

내 집인데 정작 내가 앉을 자리가 없었다

퇴근 후 집에 왔는데 가방을 어디에 놓아야 할지 망설인 적이 있는가? 앉을 자리가 없어서 물건을 이리저리 치운 적은? 휴일에도 집에 있는 게 심란해 굳이 약속을 만들어 집 밖으로 나간 적은? 그렇다면 집이 당신을 밀어내기 시작한 것이다.

30대 후반 직장인 윤진 씨는 지방 출장과 야근이 잦은 기획팀 팀장이었다. 일주일에 나흘은 밤 10시 넘어서 귀가했고, 집은 단지 '씻고 자는 곳'에 가까웠다. 그녀는 나에게 정리를 의뢰하면서 이렇게 말했다.

"어디 앉아도 불편해요. 소파에 앉으면 자꾸 노트북을

켜게 되고, 식탁은 엉망이고, 책상은… 거의 창고예요."

아닌 게 아니라 윤진 씨의 말에서 묘한 불편이 느껴졌다. 그 집은 사람을 편안하게 하고 기운을 살리는 공간이 아니라 '기능'만 남은 곳처럼 보였다. 현관에서부터 집 안 전체에 '바쁜 사람의 흔적'이 고스란히 남아 있었다. 신발장을 여니 아무렇게나 쌓여 있던 신발들이 와르르 떨어졌다. 식탁 위엔 택배 상자 다섯 개, 회의 자료, 텀블러, 오래된 영수증들이 섞여 있어서 빈 공간을 찾기 힘들었다. 소파 앞 테이블엔 리모컨과 화장품 파우치가 놓여 있었고, 침대 옆엔 전날 벗어놓은 옷이 쌓여 있었다.

그러나 문제는 물건이 아니었다. 이 집은 윤진 씨가 하루의 끝에 잠깐 들르는 '환승역' 같았다. 쉬는 공간도, 일하는 공간도 아닌 채 모든 게 섞여버려서 머무르지 못하는 집. 정확히 말하면 어디에도 '앉을 자리'가 없었다. 나는 물었다.

"하루 중 가장 오래 머무는 자리가 어디예요?"

그녀는 대답하지 못했다.

"음… 가만히 있는 시간이 별로 없어서요."

그게 문제였다. 가만히 있을 수 없기에 자기 생각도, 감정도 어느 곳에도 머무르지 못했다. 많은 사람이 정리는 버리는 것부터 시작한다고 여기지만, 내 생각은 다르다. 버릴 물건을 찾을 게 아니라 자신이 편히 앉을 자리 하나를 만드는 것부터 시작해야 한다.

우리는 종종 잘못된 순서로 정리를 시작한다. '이걸 버릴까 말까'부터 고민하고, 정리함을 사서 넣을 곳을 찾고, 책을 꽂는 순서를 바꾼다. 하지만 그전에 해야 할 것이 있다.

'내가 앉을 곳은 어디인가?' 하고 묻는 것이다.

윤진 씨와 나는 창가 구석에 있던 작은 테이블을 꺼냈다. 그 위에 쌓여 있던 회의 자료와 머그잔들을 치우고 조명 하나를 놓았다. 공책 한 권, 펜 하나, 좋아하는 커피잔 하나. 그녀가 잠시 멈출 수 있는 자리를 만들었다. 그리고 원칙을 정했다.

"하루에 10분, 이 자리에 앉아보세요. 휴대전화도, 노트북도 보지 마시고요. 오직 멈춰 있는 감각만 허락한다고 생각하세요."

며칠 뒤 윤진 씨가 내게 메시지를 보냈다.

"자리에 앉아 있으면 마음이 고요해져요. 하루가 무너진 것만 같던 날도 의자에 앉아서 조명을 켜고 커피를 마시면 '내가 여기 있구나'라는 생각이 들어요. 정리가 제 인생을 이렇게나 바꾸었네요. 정말 감사합니다."

마음이 뭉클해져서 나도 감사를 전했다. 정리는 언제나 물건보다 사람이 먼저다. 물건을 줄이기 전에 자신이 어디에 있을지를 정해야 한다. 앉을 자리가 없으면 시간도 머무르지 않는다. 생각도 감정도 흘러가고 만다. 공간이

나를 품어주지 못하면 내 안에 있던 힘도 서서히 빠져나간다.

정리는 '내 자리를 다시 만드는 기술'이다. 그 자리가 생기면 비로소 삶도 머무를 수 있다. 그 한 자리를 만들지 않으면 우리는 집 안에서조차 떠돌게 된다.

가족은 그대로였지만 나는 구석으로 밀려났다

"그냥… 살다 보니 이렇게 됐어요."

지친 기운이 말에 가득했다. 마흔이 조금 넘은 소연 씨는 두 아이의 엄마였다. 전업주부 7년 차로, 아이들이 초등학교에 들어가면서 약간의 여유가 생겼지만, 집에는 그 여유가 없었다. 거실은 장난감과 보드게임, 방 하나는 학습지와 교과서, 안방은 남편의 옷과 침구류가 차지하고 있었다. 힘들어하는 소연 씨를 위해 정리를 권한 사람은 여동생이었다.

"언니, 정말 이대로 살 거야? 괜찮겠어?"

"그럼… 늘 이랬으니까. 괜찮아…."

소연 씨는 괜찮다고 말했지만, 내 눈엔 전혀 그래 보이지 않았다. '나는 괜찮다'라는 말에 자기 자리를 잃은 상실감이 묻어났다. 나는 별다른 말을 하지 않고 그녀 얼굴을 가만히 바라보았다. 잠시 침묵을 지키던 그녀가 어렵게 말을 꺼냈다.

"사실은 제 물건이… 집엔 거의 없어요. 제가 있는 방인데, 제가 쓸 수 있는 자리가 없는 느낌이랄까…."

정확히 그랬다. 가족은 그대로인데, 소연 씨는 집 안에서 점점 구석으로 밀리고 있었다. 집은 겉보기에 평범했다. 청소가 안 되어 있거나 물건이 넘쳐나지는 않았다. 그런데 공간을 자세히 들여다보면 '누구를 위한 집'인지가 또렷했다.

거실 책장엔 아이들 책만 가득했고, 식탁 위에는 남편의 서류가 놓여 있었으며, 서랍마다 가족 공용 물건만 있었다. 소연 씨의 물건은 주방 한쪽 서랍, 그리고 침대 밑 정리함에 몇 개 끼어 있었다. 그녀는 집에 있는데, 집 안에선 존재감이 점점 흐릿해지고 있었다. 나는 이렇게 물었다.

"지금 이 집에 본인을 위한 공간이 딱 하나 있다면요?"

잠시 고민하던 그녀는 "화장실요…" 하고 작게 웃었다. 그 말을 들은 순간, 털썩 하고 마음이 내려앉았다. '엄마' 또는 '아내'라는 이름으로 살아온 그녀가 얼마나 고단했을지, 자기 공간이 없는 서러움을 얼마나 참아왔을지가 느껴졌다. 옆에 있던 여동생이 말없이 고개를 돌렸다. 본인을 위한 공간이 고작 화장실이라니, 얼마나 속상했겠는가. 집 정리를 하면서 만난 여성 중에는 언제부터인지도 모르게 이렇게 자신을 잃고 살아가는 이들이 많았다. 누군가를 돌보느라, 누군가를 챙기느라 자리를 조금씩 내어주다가 결국엔 완전히 밀려난 것이다.

동생과 이런저런 이야기를 하며 마음이 풀려서인지, 소연 씨는 속내를 조금씩 드러냈다.

"가끔은 내 삶이 망가진 것 같아요."

"그렇지 않아요. 망가진 게 아니라 삶의 균형이 기운 거예요. 이때가 정리하기 딱 좋죠."

내 말에 그녀의 눈빛이 달라졌다. 그렇다. 바로 이런 순간이야말로 정리가 꼭 필요한 때이다. 삶이 망가진 게 아니라, 삶의 균형이 기울어진 것이기 때문이다. 나는 이렇게 제안했다.

"방 하나를 통째로 바꿀 순 없으니 책장 한 칸만, 서랍 한 칸만이라도 좋아요. '소연 씨를 위한 자리'로 다시 짜보자고요."

"언니, 그렇게 해."

동생도 적극 거들었다. 엄두를 내지 못하고 망설이던 소연 씨도 용기를 냈는지 고개를 끄덕였다. 정리를 시작하자 소극적인 자세가 적극적으로 바뀌었다.

거실 책장에서 가장 눈에 띄는 칸 하나를 비우고, 소연 씨가 좋아하는 수필집, 사진첩, 손뜨개 도구를 올렸다. 서랍 하나엔 그녀의 일기장, 볼펜, 작은 거울, 티백 몇 개와 좋아하는 향이 담긴 파우치를 넣었다. 화장대 옆 협탁 위에는 남편 물건 대신 소연 씨가 고른 캔들 하나를 놓았다. 정리가 끝나갈 무렵 그녀가 눈을 동그랗게 뜨고 탄성을 질렀다.

"이게 무슨 변화인가 싶네요! 매일 보는 풍경이 달라지니까 기분이 조금씩 괜찮아져요."

이것은 단순한 물건 정리가 아니었다. 소외된 자기 감각을 집 안에 다시 앉히는 일이었다. 자리가 없으면 존재감도 사라진다. 가족에 대한 돌봄과 배려는 내 공간도 함께 챙겨야 완성된다. 정리는 결국 '나도 여기 있다'라는 표시를 다시 붙이는 일이다.

'누구보다 오래 머문 공간인데도 왜 이렇게 낯설까?'

이런 생각이 든다면, 자신이 빠져나간 공간을 그냥 두었기 때문이다. '이 집에서 다시 살아가기 위해 나는 어디에 있어야 할까.' 이 질문이 정리의 시작이다.

깔끔한 공간에 숨은 건 나였다

정리를 의뢰받고 도착한 집의 첫인상이 너무 단정해서 '정리 컨설팅을 왜 요청했을까?' 하는 생각이 들 때가 있다. 바닥에 먼지도 없고, 물건도 잘 정돈돼 있고, 정리정돈 책에서나 볼 법한 수납 팁이 적용되어 있다. 그런데 이상한 점은 생기라고나 할까, 삶의 냄새라고나 할까, '생활의 흔적'이 묻어 있지 않다는 것이다. 그럴 때 나는 마음속으로 한 문장을 떠올린다.

'지금 이 집엔 지금 이 사람이 없다.'

40대 중반의 우진 씨는 공기업 퇴직 후 집에서 재취업을 준비하고 있었다. 아내와 딸과 함께 사는 3인 가족의 집은 정갈했지만 건조했고, 깨끗했지만 답답했다. 그는 조용한 말투로 이렇게 말했다.

"집에선 생각 정리가 잘 안됩니다. 아내도 애쓰고 있고 집 정리도 잘되어 있다고 생각하는데… 이상하게 집이 저랑 안 맞아요."

인생의 중요한 시기에 집을 정리하면서 큰 도움을 받았다는 친구에게 나를 소개받았지만, 정리가 꼭 필요한지 모르겠다는 말도 덧붙였다. 바꾸고 싶지만 뭘 바꿔야 할지 모르겠다는 뜻이었다.

나는 집을 다시 한번 둘러보았다. 현관문을 열고 들어섰을 때 집은 군더더기 없이 정돈돼 있었다. 가구는 심플했으며, 전체 색감이 절제돼 있었고, 책장엔 책이 가지런했으며, 서랍엔 태그가 붙어 있었다. 텔레비전, 오디오, 주방, 침실, 욕실까지 내가 흔히 '정리가 잘된 집'이라고 소개하는 구조와 거의 다르지 않았다.

하지만 곧 알 수 있었다. 이 집은 지금 '정우진'이라는 사람을 담고 있지 않았다. 잘 정리된 그 모든 구조와 물건들은 과거의 역할을 그대로 품고 있었다. 책장에는 회사에서 읽던 리더십 관련 서적, 조직 관리 이론서, 보고서와 연수 자료들이 알파벳순으로 꽂혀 있었다. 서랍에는 직원 명단, 명함 묶음, 이미 퇴직한 상사의 송년사 메모까지 있었다. 책상 위에는 "감사합니다, 부장님"이라는 문구가 박힌 상패와 오래된 명함집이 있었다. 그는 회사에 다니던 시절의 자신과 여전히 함께 살고 있었다. 나는 조용히 질문을 던졌다.

"이 집은 그때의 우진 씨를 잘 모셔놓고 있어요. 그런데 지금의 우진 씨는 어디 있죠?"

그는 한동안 말을 잃었다가 이렇게 답했다.

"그러게요. 저도 아침에 일어나서 가만히 앉아 있으면 내가 지금 뭘 하는 사람인지 모르겠어요. 앉아 있긴 하는데, 마음이 어지럽고 생각이 안 붙잡혀요."

나는 '지금의 삶'을 담을 수 있도록 그와 함께 책상과 책장을 중심으로 집 안을 재배치하기로 했다. 우선 책장에 있던 과거의 책과 보고서를 빼고, 자주 보는 책만 남겼다. 퇴직 후 듣는 온라인 수업과 관련한 노트와 책은 눈높이에 맞춰 배치했다. 책상 위 상패와 명함집은 박스에 담아 서랍 깊숙이 옮겼다. 그 대신, 그가 최근 듣기 시작한 글쓰기 수업에서 사용하는 공책, 아내가 생일 선물로 사준 펜을 꺼내 책상 한쪽에 놓았다. 책상 스탠드는 은은한 톤으로 교체했고, 작은 시계와 스피커를 더해 그가 아침마다 라디오를 들으며 일기를 쓸 수 있는 구조로 바꿨다.

"이제 이 자리는, 우진 씨가 지금 살고 있는 삶을 담는 자리예요. 과거를 잘 치워두는 것도 정리지만, 지금의 시간을 잘 앉히는 것도 정리예요."

며칠 후 그에게서 연락이 왔다.

"그 자리 덕분에 하루가 다시 생긴 것 같아요. 아침에 앉아서 10분이라도 글을 쓰면 나한테 집중하는 느낌이 들어요."

정리는 겉보기에 잘돼 있다고 끝이 아니다. 정리한 물건이 지금의 자신과 어울리지 않는다면 그건 정돈된 박제일 뿐이다. 지저분한 집만 정리가 필요한 게 아니다. 집에 과거만 남아 있으면 지금의 내가 살기에 어색하다. 내가 쓰는 물건, 내가 관심 있는 분야, 내가 앞으로 살고 싶은 방식으로 공간의 중심을 다시 짜야 한다. 그래야 집은 지금의 나를 살게 해주는 장소가 된다.

함께 사는 공간이
무너져 내린 날

식탁부터 치워야 하는 이유

서른아홉의 은지 씨는 광고 회사 팀장으로 일하는 맞벌이 엄마였다. 남편은 스타트업을 막 시작한 터여서 늦게 퇴근할 때가 많았다. 친정어머니와 초등학교 3학년 딸까지 네 식구가 한집에 살았는데, 물건들 때문에 가족이 함께 앉을 자리가 없었다.

정리가 안 된 방도 문제였지만, 내가 보기에 더 큰 문제는 가족이 함께 머물 공간이 없다는 것이었다. 은지 씨가 정리를 의뢰한 이유도 가족과 함께 둘러앉아 있고 싶다는 마음이 커서였다.

가족끼리 대화하며 즐겁게 지낼 집을 만들고 싶을 때 가장 중요한 부분은 어디일까? 나는 첫 번째로 식탁을 꼽는다. 그래서 식탁부터 살펴보고는 멈칫했다. 도무지 쓸 수 없는 수준으로 물건이 쌓여 있었기 때문이다.

택배 상자, 학교 가정통신문, 아이 그림, 색연필, 은지 씨 회사 노트북, 보조 배터리, 은지 씨 남편이 놓고 간 종이봉투와 공구 키트, 그리고 뚜껑 열린 치약까지. 그 식탁은 '가족이 둘러앉아 밥을 먹는 자리'가 아니었다. 살면서 못 치운 모든 것의 종착역이었다.

"식탁을 어떻게 쓰세요?"

"식탁요? 그냥… 짐 놓는 데죠."

"이 식탁에서 언제 마지막으로 다 같이 밥을 먹었나요?"

은지 씨는 고개를 갸웃했다.

"추석쯤이었나? 정확한 기억은 안 나요. 그러고 보니 이유는 잘 모르겠는데… 요즘 가족 간에 대화가 없어요. 남편과 얘기한 지도 오래됐네요."

나는 고개를 끄덕였다. 사실 이런 집이 꽤 많다. 중심을 잃어버린 집 말이다. 집에서 중요한 기능을 하는 것은 의외로 식탁이다. 식탁에 모이지 않는 가족은 점점 각자의 방으로 흩어지곤 한다. 식사는 각자 해결하고, 대화는 단절된다.

말 대신 리모컨과 휴대전화가 관계를 대신한다. 공간이 무너지면 관계도 무너진다. 이 집은 정리가 아니라 가족의 연결 구조를 다시 세워야 하는 상황이었다. 나는 은지 씨에게 제안했다.

"지금부터는 식탁이 '머무는 공간'이 되게 해보세요. 먹는 데 30분, 대화 10분, 딱 이 정도만 가능하면 돼요."

우선 나는 식탁 위 물건을 모두 분류했다. 업무와 관련된 은지 씨 노트북과 남편의 박스는 방으로 옮겼다. 아이의 미술 도구는 아이 방으로 옮겼고, 생필품도 각자 제자리로 보냈다. 당장 처리하지 못할 서류는 '주간 박스'로 만들어 따로 담았다. 그리고 가족이 함께 지킬 규칙을 제안했다.

"식탁 위는 매일 저녁 7시까지 비워두기로 해요. 모든 가족이 '앉을 수 있는 상태'로만 유지하면 됩니다."

식탁 위 조명은 색온도가 따뜻한 것으로 교체했고, 오래된 테이블보 대신 은지 씨가 고른 리넨 매트를 깔았다.

"와, 남편과 카페 데이트하던 때가 생각나네요. 이번 주말엔 가족과 함께 차를 마셔야겠어요."

정리는 이틀 동안 진행됐다. 이틀째 날 다시 방문했을 때 은지 씨가 웃으며 말했다.

"어제 딸이 가장 먼저 식탁에 앉더라고요. 자기 그림도 보여주고, 학교 얘기도 했어요. 남편도 엄마도 자연스럽게 식탁에 와서 앉았고요. 말을 안 하려고 했던 게 아니라 그럴 자리가 없었던 것 같아요."

그게 핵심이다. 사람은 앉을 자리, 눈 마주칠 구조만 생기면 말이 돌고, 마음이 따라간다. 정리는 식탁을 치우는 일이 아니다. 가족이 함께 머물 수 있는 리듬을 다시 세우는 일이다. 각자의 방으로 갈라졌던 은지 씨 가족은 식탁의 기능이 회복하면서 자연스럽게 모였다. 가족의 삶을 다시 세우고 싶다면 식탁부터 비워보자.

모두 앉을 자리가 필요한 이유

"우리 집 거실요? 그냥 아이들 놀이터예요."

정리를 요청한 서른여덟 살 주영 씨는 초등학생 둘에 유치원생 막내까지 아이 셋을 키우는 주부였다. 본인은 육아와 살림을 전담했고 남편은 식당을 운영했다. 첫 통화에서 그녀는 "거실이 완전히 폭탄 맞은 전쟁터예요"라고 말했다. 현관문을 연 나는 그 말을 바로 이해했다. 거실은 정말 '폭탄 터진 전쟁터' 같았다. 한쪽은 트램펄린, 다른 한쪽은 주방 놀이 세트, 가운데는 전동 자동차와 공룡 피겨로 가득 차 있었다. 책장에는 전집과 교구가 가득했고, 소파 위엔 베개와 딸기우유가 굴러다녔다. 불과 30초 만에 알 수 있었다. 이 집에는 어른이 쉴 곳이 없다는 것을.

거실은 가족이 가장 많은 시간을 보내는 공간이다. 그런데 이상하게도 아이 셋을 키우는 집에서는 거실이 '아이들만의 전용 구역'이 된다. 처음에는 잠깐 놀라고 장난감을 꺼내는데, 그 수가 줄기는커녕 점점 늘어난다. 어느 날은 소파에 앉을 수가 없고, 또 어느 날은 거실 바닥이 전시장 같다. 주영 씨가 한숨을 쉬며 말했다.

"저는 못 앉아요. 앉으면 다 치워야 하거든요. 소파에 앉으면 곧바로 애가 '엄마~' 하고 부르고요. 그냥 제 자리는 부엌이랑 세탁기 앞이에요."

이 집에는 정리가 아니라 '역할 복원'이 필요했다. 아이 중심으로 기울어진 공간은 시간이 지나면서 엄마를 집 안의 '관리자'로만 남기고 '사용자'로는 사라지게 만든다. 그럼 공간에서 느끼는 피로가 커지고, 삶 전체는 '지침'으로 이어진다.

나는 주영 씨와 대화하며 거실을 '공동 공간'으로 회복하기 위한 정리를 시작했다. 처음부터 모두 치우는 건 불가능했다. 그래서 원칙을 먼저 세웠다. 첫째, 아이 것과 어른 것을 구분한다. 둘째, 사용자 중심으로 구역을 나눈다.

먼저 거실 공간을 3등분했다. 첫 번째 공간은 아이들 놀이 구역이었다. 두 번째 공간은 공용 소파 구역이었다. 세 번째 공간은 어른 휴식 구역이었다.

놀이 구역은 러그 위 일정한 범위로 한정했고, 넘어가면 부모뿐 아니라 아이들도 함께 놀이 도구를 정리하여 상자 속 제자리에 놓게 했다(정리는 아이 훈육의 시작이기도 하다).

　소파는 '모두의 구역'으로 만들었다. 아이들 물건은 올려 두지 않고, 오후 6시 이후를 '휴식 시간'으로 설정해 부모도 소파에 앉을 수 있도록 동선을 정비했다.

　마지막으로, 거실 한쪽에 작은 1인용 라운지 의자를 두고 스탠드와 잡지꽂이, 주영 씨의 블루투스 스피커를 놓았다. 그 자리를 '엄마만의 자리'로 이름 붙였다.

　정리는 그 집에서 어떤 역할을 하며 존재하는 누군가를 회복하는 일이다. 아이들은 분명 소중하고 중요하다. 하지만 '아이 중심'이라는 이유로 어른이 밀려나면 가족은 균형을 잃는다. 엄마가 눕지 못하는 소파는 아이에게도 '쉬는 법'을 가르쳐주지 못한다. 거실은 모두가 앉는 곳이다. 누구 하나의 세상이 아니라 여럿이 조용히 부딪치며 살아가는 공간이다. 그래서 엄마와 아빠, 아이 모두가 같이 앉을 자리가 있어야 한다.

대화하고 싶다면 자리부터 만들어라

정리는 대화를 시작하게 만든다. 버린다고 말하지 않아도, 치운다고 설득하지 않아도 어느 날 대화가 다시 고개를 들고 조용히 흐른다. 정리를 통해 가족이 다시 연결되는 모습을 볼 때마다 나는 확신하게 된다. 문제는 말이 아니라 자리라는 것을.

50대 중반 은주 씨의 가족은 네 명이었다. 남편은 야근과 출장으로 집을 자주 비웠고, 고등학생 남매인 두 아이는 학원과 학교 일정 때문에 각자 방에서 대부분의 시간을 보냈다. 그녀는 정리를 요청하며 이렇게 말했다.

"그냥 말이 없어요, 다들. 저녁도 각자 먹고, 대화도 없고, 거실엔 늘 텔레비전만 켜져 있죠."

그녀는 가족 간의 대화가 끊겼다고 생각했다. 하지만 실제로는 말이 오갈 수 있는 구조가 사라진 것이었다. 현관문을 열고 들어가 거실을 둘러보는 내 눈에 가장 먼저 들어온 건 움직임이 없는 구조였다. 거실 소파는 텔레비전을 향해 일직선으로 놓여 있었고, 중앙 테이블 위에는 오래된 화분과 가득 쌓인 잡지가 있었다. 텔레비전 장식장 아래엔 많은 블루레이와 콘솔 게임, 케이블방송 리모컨 등이 있었다. 벽 쪽 콘센트엔 충전기와 멀티탭들이 뒤얽혀 있었다. 공간의 중심이 사람이 아니라 기계였다.

이 구조에서 누가 오래 머물고 싶을까? 은주 씨는 거실에서 가족과 시간을 보내길 바랐는데, 거실은 차가운 느낌이 감돌았다. 말을 붙이려 해도 뻘쭘하고, 서로 눈도 잘 마주치지 않을 것 같았다. 나는 은주 씨에게 물었다.

"가족이 다 같이 거실에 모이는 시간은 언제쯤이에요?"

"글쎄요…. 드라마 볼 때? 그때도 다들 각자 핸드폰 봐요."

 가족이 모이기는 하지만 같이 머무는 구조가 아니었다. 특별한 갈등이 있는 것은 아니었지만, 갈등이 없다고 해서 괜찮은 것은 아니다. 소통의 흐름이 멈췄다면 공간을 바꿀 필요가 있었다.

 나는 거실 구조부터 다시 짰다. 소파를 L자 구조로 바꿔 서로의 시선이 자연스럽게 마주칠 수 있게 했다. 가운데 테이블 위 잡지와 화분을 모두 치우고, 작은 캔들 하나와 가족사진 하나를 올려놨다. 벽 쪽에 있던 콘솔과 멀티탭들은 선 정리함을 써서 치우고, 그 자리에 가족이 공유하는 다이어리를 두었다. 침실에 있던 멋진 스탠드를 거실로 꺼냈다. 그렇게 오래 머물고 싶은 공간이 되도록 했다.

 몇 주 후 은주 씨가 내게 연락을 했다.

 "요즘은 애들이 거실에서 숙제를 해요. 그냥 조용히 앉아 있다가, 아들이 먼저 '엄마, 이거 봐봐요' 하더라고요. 진짜 별거 아닌데… 그 말 듣고 눈물이 핑 돌았어요."

 그 말은 우연히 나온 게 아니었다. 공간이 먼저 말을 걸었기 때문에 나온 것이었다. 사람은 누군가를 향해 앉아 있어야 무심한 한마디라도 자연스럽게 할 수 있다. 그리고 그 한마디가 삶의 온도를 바꾼다.

 정리는 말하지 않고 말할 수 있게 만드는 기술이다. 모든 갈등이 큰 사건으로 시작되는 건 아니다. 모이지 않고,

부딪치지 않고, 말하지 않는 흐름이 반복되면 가족은 '관계'보다 '동거'하는 사이에 가까워진다.

그런 현상을 되돌리려면 말을 꺼내기보다 먼저 앉을 수 있는 구조를 만들어야 한다. 식탁이든, 거실이든, 소파든 말이다. 잠깐이라도 머물 수 있는 구조, 눈이 마주칠 수 있는 각도, 손이 닿을 수 있는 거리가 필요한 것이다. 정리는 가족의 리듬을 다시 맞추는 일이고, 끊어진 흐름을 다시 흐르게 하는 일이다. 은주 씨 가족은 대화가 끊긴 게 아니라 이야기 나눌 자리가 없었던 것뿐이었다.

가난하고 우울해서
정리를 시작했다

삶이 무너진 자리에서 나를 회복하는 정리

정리가 필요한 순간은 언제일까? 잘 살고 있다고 느낄 때일까? 삶에 변화를 만들고 싶을 때일까? 정리의 중요성을 알거나 필요해서 의뢰하는 분들도 있지만, 마음이 뒤엉키거나 삶이 뿌리째 흔들릴 때 정리를 의뢰하는 분들도 있다. 그때 정리는 무너지는 걸 막아주는 일이 아니라, 무너진 삶 속에서 자신이 유일하게 손댈 수 있는 바닥이 된다.

  40대 중반인 정연 씨와 나는 사무실 정리를 하면서 처음 만났다. 현재는 성공한 커리어우먼이지만, 10년 전만 해도 인생의 낭떠러지에서 굴러떨어지는 경험을 했다고 한다.

"7년간 다녔던 회사를 그만뒀어요. 직장 생활을 열심히 했는데 남은 게 없었어요. 무리해서 투자를 했다가 빚만 남았고, 연애도 끝났죠. 생전 처음 겪는 번아웃이었던 것 같아요. 그냥 쉬고 싶었어요. 그런데 시간이 갈수록 점점 더 무력해지더라고요. 이대로 죽어도 괜찮다는 생각이 들 만큼 사는 게 무서웠어요."

친구들이 하나둘 결혼하고 아이를 키우면서 만나는 일도 뜸해졌다. 모아둔 돈도 떨어졌다. 갈 곳도 없었고 부르는 사람도 없었다. 하루 종일 커튼을 치고 누워만 있었다. 너무 울어서 눈물이 다 말랐다고 생각했는데 어느새 또다시 눈물이 났다.

"인생 헛산 것 같았어요. 자존감이 완전 바닥이었죠."

지금의 정연 씨를 보면 상상할 수 없는 일이지만, 나는 이해할 수 있었다. 나도 그런 적이 있었기 때문이다. 무기력은 처음엔 천천히 오지만 언제부턴가 모든 걸 덮는다. 처음엔 내가 우울하다고 느끼지만, 나중엔 내가 우울 그 자체가 되어버린다.

"하루 종일 집에 있어도 손끝 하나 까딱하기 싫었어요. 식탁 위엔 물건들이 쌓이고 싱크대엔 설거짓거리가 산더미였죠. 바닥엔 화장품이며 옷들이 굴러다니고요. 그래도 아무 감각이 없었어요. 숨만 쉬고 있었지, 살아 있다는 감각조차 없었죠."

"그런데 어떻게 달라지신 거예요?"

"라면 국물 덕분에요."

"라면 국물요?"

그녀는 들고 있던 서류를 내려놓으며 호탕하게 웃었다. 우울증을 앓았다는 과거 이야기가 믿기지 않을 만큼 시원한 웃음이었다.

"하루는 라면을 끓여서 옮기다가 떨어뜨렸어요. 국물이 사방팔방 튀었죠. 하필 그 근처에 옷들이 쌓여 있었는데, 라면 국물로 범벅이 된 거예요. 가장 아끼던 셔츠도요. 멍하니 보고만 있는데 못 입게 된 셔츠가 꼭 나 같더라고요. 걸레로 방바닥을 닦으면서 이렇게 생각했어요. '딱 하나만 치워보자.'"

가장 먼저 치운 건 아끼던 셔츠였다. 라면 국물 때문에 못 입게 된 옷을 시작으로 낡은 신발, 안 쓰는 수첩, 일회용 수저, 영수증, 유효기간이 지난 쿠폰 등을 버렸다.

그걸 치우고 나자 좁은 원룸에도 조그만 공간이 생겼다. 이상하게도 그 조그만 '빈자리'가 마음에 작은 숨구멍이 되었다. 그다음엔 옷장을 열었다. 입지도 않는 옷, 다이어트 성공하면 입겠다고 남겨둔 바지, 전 남자 친구와 여행 가서 샀던 티셔츠. 그녀는 웃지도 울지도 않고 그 옷들을 봉투에 담았다.

"옷들을 버렸다고 마음이 낫진 않았어요. 근데 그걸 버리는 내 손이, 나를 좀 살게 해줬어요."

정연 씨에게 정리는 자신을 살게 해주는 구조를 하나씩 만드는 일이었다. 그녀는 매일 아침 침구를 털고, 창문을 열고, 조용히 커피 내리는 시간을 만들었다. 식탁 위에 공책 하나, 펜 하나, 조명 하나를 올려두었다. 그게 다였다.

"그 자리에 앉으면 비로소 하루가 시작되는 것 같았어요. 계획을 세우는 것도, 큰 결심을 하는 것도 아니었어요. 그냥 '살고 있다'라는 감각이 생겼어요."

터널 속에 갇혀 있는 것 같았던 인생의 한 시기에 정리는 그녀에게 위로이자 돌봄이었다. 감정이 휘청일 때, 정리라는 작은 동작은 스스로를 다시 매만질 수 있게 한다. 아주 가끔은 살고 싶다기보다, 살고 있다는 느낌이 필요할 때도 있는 게 아닐까.

누군가에게 정리는 치유의 언어다. 우울하다고 말을 꺼내지 않아도 정리는 그 감정을 조금씩 정돈하게 만든다. 무턱대고 물건을 버리는 게 아니라, 나를 돌보는 방식으로 공간을 재구성한다. 라면 국물을 닦던 바닥에서 시작된 작은 움직임이 정연 씨의 삶을 다시 흐르게 한 것처럼 정리는 그렇게, 말없이 한 사람을 붙잡아준다.

버릴 게 없다고 생각했는데 실은 너무 많았다

"집이요? 조용해요."

40대 초반의 정한 씨는 이혼한 지 2년이 조금 넘었다. 직장 동료들과 적당히 어울렸고, 주말이면 집안일도 스스로 했다. 겉보기엔 문제없는 일상 같았지만, 그는 집에 있으면 조용해서 불편하다고 했다.

"일이 끝나고 집에 오면 그때부터 다른 하루가 시작되는 기분이에요. 아무 말도 안 하고, 아무 일도 못 하고, 그냥 멍하니 앉아 있으면 밤이 되죠."

그가 내게 정리를 요청한 이유를 처음에는 명확하게 알 수 없었다. 집이 엉망인 것도 아니었고 물건이 넘쳐나지도 않았다. 집은 그저 그의 말대로 조용했다.

"집이 참 조용하네요."

"네. 너무 조용하죠. 그래서 낯설어요."

그제야 뒤늦게 아차 싶었다. 그는 이미 몇 번이나 말했던 것이다. 집 정리를 의뢰한 이유를 말이다. 집이 조용한 이유, 더 정확하게 말하면 그가 집이 조용하다고 느끼는 이유는 '이혼'에 있었다. 이전에는 두 살, 네 살짜리 두 아들이 매일 시끄럽게 뛰어놀았는데 이제는 혼자 적막감을 견디고 있었다. 나는 30분 전 정한 씨의 집에 들어섰을 때를 떠올려보았다.

현관문을 열자 좋은 향기가 났다. 혼자 사는 40대 남성의 집이라고 믿을 수 없을 만큼 살림도 깔끔했다. 신발장은 말끔하게 정리돼 있었고, 현관 바닥도 깨끗했다. 텔레비전 아래의 전자 기기들은 선이 정돈돼 있었고, 주방의 컵과 접시는 가지런했다.

그런데 거실을 지나 안방 문을 여는 순간 정적이 정수리부터 눌러왔다. 침대는 너무 커 보였고, 붙박이장 안에는 전 부인의 옷이 있었다. 화장대 위엔 텅 빈 향수병, 서랍 속엔 같이 찍은 사진 몇 장이 얇은 포장지처럼 남아 있었다. 컨설팅을 시작하며 나는 단호하게 말했다.

"정리가 물건을 줄이는 일이라면 지금 이 집엔 정리가 필요 없어요. 하지만 정리가 지금의 나한테 맞지 않는 시간과 공간을 덜어내는 일이라면 이 집은 정리가 시급해요. 정한 씨는 지금 혼자 사는데, 여전히 둘이 살던 집에 살고 있는 거예요."

그는 한동안 말이 없었다.

"그랬군요. 그래서 집에서 쉬기가 그토록 어려웠나 봐요."

이 집은 그에게 '무력함을 확인하는 공간'이었다. 누구와도 대화를 나눌 수 없다는 무력감. 하루아침에 떨쳐버릴 감정은 아니었지만, 우리는 우선 그 감정을 붙들고 정리를 시작했다. 가장 먼저 침대부터 바꿨다. 크기를 줄이고, 침구를 교체했다. 침구 색감도 어두운 회색에서 따뜻한 모카

톤으로 바꾸었다. '혼자 산다'가 아니라 '혼자 살아도 괜찮다'라는 감각을 만들기 위해서였다.

옷장 속 반쯤 남겨진 전 부인의 옷들은 상자에 담았다. 버리든가 보내든가 조만간 처리하기로 했다. 그 옷들 때문에 자리 잡지 못하고 행거에 걸려 있던 정한 씨의 옷들을 옷장에 넣었다. 기억은 보관해도 되지만, 지금의 정한 씨를 밀어내게 두면 안 되었다. 화장대 위엔 새로운 디퓨저를 두고, 침실 조명도 간접등으로 바꿨다. 이렇게 하는 것만으로도 공간의 공기가 달라졌다. 정리가 끝난 집에서 그가 창문을 활짝 열고 숨을 쉬었다.

"처음, 제대로 숨 쉬는 것 같네요."

우울감으로 무거웠던 그의 마음도 조금은 홀가분해졌을 것이다. 이혼은 관계의 종료지만, 삶의 종료는 아니다. 그걸 아는 데는 시간이 걸린다. 물건 하나 버리는 일도, 사진 하나 치우는 일도 마음이 따라주지 않으면 어렵다. 그럴 때 감정을 바꾸기는 어려울지 모른다. 하지만 공간을 바꾸는 일은 할 수 있지 않을까. 정리는 스스로에게 보내는 조난신호다.

"지금부터 다시 살아도 괜찮다."

이 말을 누구보다 먼저, 자신에게 들려주는 일이다.

뭘 해야 할지 모를 때 바닥부터 닦았다

우울은 소리 없이 침투한다. 무기력은 말없이 자리 잡는다. 삶이 한꺼번에 무너지는 게 아니라 조금씩, 아주 조용하게 무너진다. 스물아홉 민정 씨는 디자인을 전공한 후 프리랜서로 일했다. 그런데 어느 순간부터 작업이 끊기고 외부 연락도 줄었다.

"처음엔 쉬는 게 좋았어요. 근데 한 달, 두 달, 석 달이 지나니까 무서워졌어요. 하루가 너무 길고, 해야 할 게 아무것도 없는 날이 반복되니까…."

점점 나가지 않게 되고, 점점 씻지 않게 되고, 점점 눕는 시간이 길어졌다. 하루의 시작도 끝도 사라졌다. 그녀의 집은 구조가 한눈에 들어오는 스튜디오형 원룸이었다. 바닥엔 빨래가 널브러져 있었고, 책상엔 컵라면과 캔 커피 여러 개가 쌓여 있었다. 창문은 닫힌 채였고, 가장 밝아야 할 시간에도 커튼이 처져 있었다.

"아무것도 하고 싶지 않은데, 아무것도 안 하면 나란 사람이 없어지는 기분이었어요."

뭐라도 하자는 마음에 유튜브 영상을 보았고, 우연히 보게 된 게 내 채널이라고 했다. 민정 씨를 만나 컨설팅을 했지만 결국 정리는 하지 않기로 했다. 당시 그녀 형편에 비용이 많이 들어서였다. 아쉽게 헤어졌는데 1년쯤 지나서 다시 연락이 왔다. 반년 전부터 일을 다시 시작했고 이사할 예정인데 정리를 맡아줄 수 있느냐고 했다. 나는 반가운 마음에 바로 하겠다고 했다.

민정 씨가 이사한 곳은 투룸 오피스텔이었다. 디자인 오피스 겸 생활공간으로 안성맞춤이었다. 여전히 월세를 내야 했지만, 이제는 안정적으로 일하게 되어 충분히 감당할 수 있다고 했다. 1년 전 막막하고 우울한 표정을 하고 있던 사람이 맞나 싶을 만큼 그녀는 밝아져 있었다. 공간을 어떻게 정리하면 좋을지 이야기를 나누다가 문득 궁금해졌다. 깊은 우울에서 어떻게 나올 수 있었는지 물어보자 그녀는 이렇게 대답했다.

"대표님의 조언이 큰 힘이 됐어요."

"제 조언이요?"

내가 무슨 말을 했었는지 기억을 더듬는데 그녀가 말을 이었다.

"바닥부터 닦아보라고 하셨어요. 바닥에 뭔가 흘렸는데 제가 닦지도 않고 있었나 봐요. 그걸 물끄러미 보시더니 그냥 그 한마디를 하고 가시더라고요."

그 말을 듣자 기억이 났다. 커피 자국인지 주스 자국인지 알 수 없는 얼룩들이 바닥 여기저기에 있었다. 그게 꼭 민정 씨의 삶에 잔뜩 묻어 있는 감정 같아서 나도 모르게 말했었다.

"지금 내가 할 수 있는 건 이것뿐이구나. 이런 생각이 들었어요."

 정리는 거창한 결심으로 시작하지 않는다. 그냥 지금 할 수 있는 일 하나, 눈앞의 먼지 하나, 손에 닿는 물건 하나를 붙잡고 시작하는 것이다.

 "돈이 없어도 바닥은 닦을 수 있었어요. 만날 사람이 없어도, 미래가 캄캄해도 바닥은 닦을 수 있더라고요."

 민정 씨는 그날 처음으로 바닥을 닦았다. 거실, 주방, 화장실. 닦다 보니 쓰레기가 눈에 들어왔고, 쓰레기를 버리다 보니 냉장고 문을 열게 됐다. 냉장고에서 소비기한 지난 반찬을 꺼내면서 그녀는 울컥했다.

 "이걸 이렇게 방치하고 있었구나."

 반찬이 아니라 자신을 그대로 두게 하고 있던 감정이었다. 다음 날에는 침구를 빨았다. 그다음 날엔 책상 위를 정리했고, 그다음 날엔 책상 서랍을 정리했다. 매일 하나씩 정리하면서 삶을 돌보기 시작했다. 매일 밤 자기 전 이 말을 자신에게 들려주었다.

 "오늘도 나를 돌봤어. 잘했어."

 정리를 잘한다고 생각하진 않았지만, 정리하길 잘했다고 생각했다. 집이 조금 따뜻해졌다. 그 안에서 조금씩 편안해졌다. 일도 다시 시작했다. 예전엔 들어오는 일을 수동적으로 받아서 했지만, 정리를 시작하고 난 후 SNS 홍보 계정을 만들어서 작업물을 꾸준히 올렸다. 하고 싶은 일이 생겼고, 가고 싶은 곳이 생겼다.

"완벽하게 정리하지 않아도 괜찮더라고요."

민정 씨 말이 맞다. 정리를 잘 못한다고 인생이 무너지진 않는다. 하지만 조금씩이라도 정리하면 생활의 리듬이 생긴다. 정리가 우울증을 낫게 하지는 않는다. 그러나 정리를 통해 감정을 돌보는 시간을 가질 수는 있다.

하루가 불안하고, 계획이 무의미하고, 모든 게 무거울 때 정리는 지금 할 수 있는 유일한 일로 남는다. 작지만 매일 할 수 있는 일이다. 오늘 뭘 해야 할지 모르겠을 땐 먼저 바닥부터 닦자. 거기서부터, 다시 살아갈 수 있다.

숨 막히는 공간을
숨 쉬는 공간으로

집의 환대를 받으려면 현관을 정리하자

"현관문을 열자마자 피곤해졌어요. 아무 일도 안 했는데 그냥 숨이 턱 막히는 거예요."

마흔두 살의 미선 씨는 두 아이를 키우며 파트타임으로 일하는 워킹맘이었다. 집은 20년 된 아파트였고 구조적으로 큰 문제는 없어 보였다. 그녀가 정리를 요청한 이유는 예상 밖이었다.

"현관이요. 딱 한 발만 들여놔도 기분이 나빠져요."

말 그대로였다. 신발들이 현관 바닥을 뒤덮고 있었다. 운동화, 슬리퍼, 아이들 장화, 빈 택배 상자, 장바구니, 빨래 바구니까지 나와 있었다. 임시로 둔 물건들이 쌓이며

'임시가 일상'이 되어버린 현관. 이 집은 첫발부터 지쳐 있었다.

현관은 집과 바깥을 잇는 유일한 입구다. 밖에서 쌓인 피로를 털고, 집이라는 공간으로 들어가는 관문이다. 그 관문이 막히면 집 전체가 쉬는 공간이 되지 못한다.

"현관이 무너지면 집이 나를 반겨주지 않아요. 그럼 나의 하루는 어디서도 쉬지 못해요."

미선 씨는 현관을 치우고 싶다는 생각은 늘 했지만, 아이들 물건이 계속 생기고 잠깐 뒀던 물건을 나중에 옮기지 못하면서 손을 놓게 되었다고 했다.

"이걸 보면요, 계속 밀려나는 느낌이에요. 이 집에서 제일 많이 움직이는 건 저인데… 제 자리는 없고 자꾸 짐만 쌓이는 것 같아요."

그 말이 이 집의 핵심이었다. 현관은 짐이 아니라 사람이 드나들 수 있는 구조여야 한다. 우리는 현관을 중심으로 어떤 집에서 살고 싶은지 이야기 나눈 후 바로 작업에 들어갔다. 미선 씨의 바람대로 가장 먼저 신경 쓴 곳은 현관이었다. 바닥의 신발은 사용 빈도 기준으로 세 켤레만 남겼다. 나머지는 신발장 위 선반으로 옮겼다. 아이들 신발은 색깔별로 분류하고, 빈 택배 상자는 모두 버렸다.

가장 중요한 건 벽 쪽 수납장을 비우는 일이었다. 거기엔 쓰지 않는 가방, 고장 난 우산, 남편의 10년 전 운동화까지 들어 있었다. 수납장을 정리하자 현관에서 바로 물건을 꺼낼 수 있는 구조가 생겼다. 마지막으로, 작은 러그를 깔아 현관이 단지 통로가 아니라 숨을 돌릴 수 있는 시작점이 되도록 했다. 며칠 뒤 미선 씨가 고맙다는 문자를 보내왔다.

"애들이 학교 갔다 와서 그러더라고요. '엄마, 우리 집 엄청 달라졌어!!! 호텔처럼 멋있어!!!' 현관이 진짜 들어오기 싫던 곳이었는데 요즘은 거기서 잠깐 서 있는 시간이 좋아졌어요."

현관은 작지만 집 전체의 감각을 바꾸는 시작점이다. 많은 사람이 거실, 부엌, 침실에 신경 쓰면서도 현관은 '지나가는 곳'이라고 생각한다. 하지만 가장 먼저 마주하는 곳이 지저분하면 몸이 긴장하고 마음이 움츠러든다. '이 집이 날 반겨주지 않는다'라는 느낌을 받아서일 것이다.

정리는, 현관문을 열고 들어오는 순간부터 자신이 쉬어도 된다는 허락을 만드는 일이다. 들어오자마자 지쳐버리는 이유는 너무 피곤해서가 아니라 집이 나를 안아주지 않아서가 아닐까. 현관을 정리하면 내 공간, 내 집으로부터 환대받는 기분이 든다. 어디부터 정리해야 할지 모르겠다면 현관을 정리하자. 기분 좋은 환대를 경험할 것이다.

미뤄온 시간이 방 하나를 삼켰다

"거긴 언젠가 치우려고 남겨둔 방이에요. 그 '언젠가'가 벌써 5년이 됐네요."

50대 중반의 경자 씨는 1년 전 자녀들이 독립한 후 남편과 둘이 살고 있었다. 그녀는 정리를 요청하며 정확하게 말했다.

"방 하나가… 저를 붙잡고 있는 기분이에요."

그 방은 집 안 깊숙한 곳에 있었다. 현관, 거실, 주방은 단정했고 일상에 불편함이 없어 보였다. 그런데 안방 옆 작은방 문을 열자 공기가 무거워졌다. 정리용 수납장, 이사할 때 썼던 상자들, 아이들 유치원 때의 작품들, 중학교 졸업 앨범, 남편의 옛 취미 도구, 고장 난 스탠드, 한 번도 펼쳐보지 않은 쿠킹 클래스 재료들. 그 방 하나에 '나중에 정리하자'라며 미뤄온 시간이 겹겹이 쌓여 있었다. 쌓여 있는 것은 먼지가 아니라 멈춰버린 결심이었다.

"왜 그 방만 그렇게 됐을까요?"

내 질문에 경자 씨도 고개를 갸웃했다.

"모르겠어요. 치워야지, 치워야지 하면서도 그 문만 열면 마음이 무거워져서 다시 닫고 그냥 뒀어요."

"정리를 미룬 게 아니라 결정을 미뤘던 거네요. 이 물건을 치우면 어떤 역할을 끝내야 하는지 알고 있었던 거죠."

예상 밖의 말이라고 생각했는지 그녀가 다소 놀란 표정

을 지었다. 짧은 침묵 끝에 그녀는 고개를 끄덕였다.

"맞아요. 아이들이 독립한 후부터 '내가 누구지?' 하는 생각이 들어요. 아이들은 저한테서 독립했는데 정작 저는 아이들을 내보내지 못한 것 같아요."

우리는 종종 이런 공간을 갖고 산다. 치우지 못한 물건이 아니라 끝내지 못한 감정이 들어 있는 공간이다. 경자 씨의 그 방은 단순한 보관용이 아니었다. 과거와 현재 사이에 끼어서 작동하지 못하는 '버퍼링' 상태와 같았다. 아이들이 쓰던 방, 남편이 가끔 들여다보던 자리, 자신도 뭘 시작하려다 멈췄던 흔적. 그래서 비워야 할 줄은 알았지만 쉽게 손이 가지 않았던 것이다.

정리를 시작하며, 한 번에 치우는 게 아니라 '기억을 분류하는 방식'으로 정리한다는 원칙을 세웠다. 첫 번째는 '기억의 무게'를 구분하는 것이었다. 자녀들의 물건들 중 일부는 사진을 찍고, 소중한 것만 한 박스에 담아 '우리 아이들의 시간'이라고 이름 붙였다. 나머지는 과감하게 정리했다.

두 번째는 '지금의 생활'에 맞지 않는 것을 정리하는 것이었다. 요가 매트, 쿠킹 클래스 재료, 쓰지 않는 파우치들. '이런 것도 해볼 수 있겠지' 하며 샀지만 실제론 한 번도 꺼내지 않았던 것들이었다. 가능성을 위해 남긴 것이 아니라 미련 때문에 놓지 못했다는 점을 인정하자 정리가 쉬워졌다.

세 번째는 방의 역할을 재정의하는 일이었다. 그 방을 '비워두는 방'으로 바꿨다. 새 가구는 들이지 않았다. 차를 마시며 책을 읽을 수 있도록 작은 테이블만 두었다. "아무것도 하지 않아도 되는 방이 하나쯤 있으면 좋겠어요"라는 경자 씨의 소망을 이룬 공간이 되었다.

정리가 끝난 후 방문을 열었다. 경자 씨는 물 밖에 있다가 물속으로 돌아온 물고기처럼 활기차 보였다.

"정리를 못 해서 게으르다는 죄책감에서 벗어났네요."

정리는 마음을 붙잡고 있던 문장을 끝맺는 일이라는 생각이 들 때가 있다. 많은 사람이 말한다.

"치워야 하는 건 아는데…."

그다음 말은 늘 "그런데"로 시작된다. 에너지, 시간, 여유, 용기가 모두 "그런데"에 묻힌다. 하지만 정리는 감정을 정리한 후에 시작하는 게 아니다. 정리를 하면 감정이 따라온다. '언젠가'라는 말에 갇혀 5년간 손대지 못했던 방이 이제는 경자 씨의 하루에 여백을 준다. 정리는 '미뤄진 나'를 지금 이 순간으로 데려오는 기술이다.

괜찮아, 이제 쉬어도 돼

"그날 밤 처음으로 깊이 잤어요. 정리를 한 것뿐인데 이상하게 몸이 풀리고… 집이 저를 안아주는 느낌이 들었어요."

직장인인 마흔여섯의 소영 씨는 이혼 후 딸과 함께 지낸 지 4년이 되었다. 성실하고 조용한 성격으로 겉으로 보기엔 문제없이 살아가는 사람이었다. 그녀가 정리를 의뢰한 이유가 특별했다. "내 집에서 살고는 있는데, 계속 긴장하는 느낌이 들어서"였다.

집은 오래된 복도식 24평 아파트였다. 물건이 막 넘쳐나진 않았지만, 이곳저곳에 특유의 '피로한 정적'이 있었다. 모든 가구가 벽을 타고 붙어 있었고, 거실 테이블엔 서류와 영수증이 겹겹이 쌓여 있었다. 방마다 '무언가 하다 만 것들'이 있었다.

"정리는 저도 많이 해봤어요. 매번 꺼내고 정리하죠. 마음에 쏙 들지는 않지만 깔끔하다고 생각해요. 그런데 왜 이렇게 마음이 무겁고, 집에만 오면 어깨가 결리는 것 같을까요?"

"정리는 물건을 잘 정돈하는 데서 끝내는 게 아니라, 자신이 잘 쉬기 위해 필요한 구조를 만드는 일이기도 해요. 그게 안 돼 있으면 아무리 정리해도 피곤합니다."

소영 씨의 집은 물건의 양이 아니라 위치와 시선의 흐름이 사람을 지치게 하고 있었다. 가장 먼저 바꾼 건 가구 배치였다. 벽을 따라 도배하듯 늘어선 책장을 줄이고 시선이 통하게 했다. 소파와 테이블의 위치를 바꿔 '앉아서 머무는 구조'를 만들었다.

거실 테이블 위엔 온갖 물건이 쌓여 있었기에 수납함을 두어 '임시 물건 박스'를 정했고, 저녁이 되면 무조건 비우는 리듬을 만들었다. 침실에선 조명을 바꿨다. 천장 등이 너무 밝아서 밤에도 긴장이 풀리지 않았을 것 같았다. 간접조명으로 바꾸기만 해도 공간의 공기는 확 달라진다.

그리고 아주 작은 변화 하나를 더 만들었다. 침대 옆에 소영 씨가 고른 블랭킷 하나를 둔 것이다. 단지 '내가 고른 것'이라는 이유만으로 그 자리는 조용히 그녀를 받아주는 공간이 되었다.

"그날 밤 처음으로 잠들기 전에 책을 펼쳤어요. 예전엔 누우면 그냥 휴대전화만 봤거든요. 따뜻하고 보드라운 공간에 있으니 집이 저한테 이렇게 말하는 것 같았어요. '괜찮아, 이제 쉬어도 돼.'"

정리는 결국 집이 그런 말을 해주도록 만드는 작업이다. 많은 사람이 잠을 못 잔다고 말한다. 그 이유 중 하나는 그 집이 쉴 만한 공간이 아니기 때문 아닐까? 머물 수 없는 구조, 앉아도 어지러운 동선, 내 물건 같지 않은 이질감으로 가득 찬 공간은 몸도 마음도 긴장하게 만든다.

그런 의미에서 정리는 사람의 감각을 다시 세팅하는 과정이다. 물건을 줄이고, 동선을 비우고, 빛과 온도와 시선을 바꾸면 긴장도 조금씩 풀린다.

"그날 밤 처음으로 내가 내 집에 있다는 느낌이 들었어요."

　소영 씨의 이 한마디 말이 정리가 왜 필요한지를 한 권의 책보다 훨씬 잘 설명해준다.

작별 인사를
해야 할 때

처음으로 혼자 누웠어요

60대 후반의 미순 씨는 남편이 세상을 떠난 지 8개월이 되었다. 남편의 긴 투병 기간 동안 마지막 정리를 한다고 했지만, 죽음은 준비한다고 쉽게 맞이할 수 있는 게 아니었다.

"이제 혼자 남았다는 게 밤마다 더 선명해지더라고요. 낮엔 괜찮은 척하는데, 침실에 들어가면 눈물부터 났어요."

남편은 서재가 따로 없었다. 그래서 자연스레 침실 한쪽을 나눠 썼다. 남편의 책상, 약통, 수첩, 독서대가 지금도 그대로 있었다. 수첩엔 마지막까지 손 글씨로 써둔 병원 기록이 있었고, 책 위에는 안경이 얹혀 있었다.

"아직 그 사람의 마지막 숨결이 머문 것 같아서 그대로 두고 있었어요. 저는 죽는 순간까지 남편을 잊지 못해요. 그렇지만 이대로는… 제 삶도 멈춰버릴 것 같아요."

그 말이 정리의 시작이었다. 이별을 받아들이기 위한 정리였던 셈이다. 사랑하는 사람에 대한 기억은 간직하되, 이제 '나의 삶'을 다시 살아가기 위한 구조가 필요했다. 우리는 침실부터 시작했다.

침대엔 여전히 두 개의 베개가 놓여 있었다. 남편 베개 위에 가운과 책이 올려져 있었다. 이제는 죽은 남편이 아니라 미순 씨가 누워야 할 자리였다. 이제 그 자리를 자신에게 돌려줘야 했다.

베개 하나를 정리하고 새로운 커버를 씌우는 데 20분이 걸렸다. 그 시간을 나는 조용히 기다렸다. 미순 씨가 혼자 자는 시간을 받아들일 수 있도록. 이후 본격적인 정리를 시작했다. 책상 위에는 남편이 생전 즐겨 보던 책과 필기구만 남겼고 나머지는 박스에 담았다. 그 안엔 진료 기록, 보험 서류, 약 봉투, 마스크, 목도리 등이 들어갔다. 그녀는 하나하나 접으며 말했다.

"이제 이 사람을 보호하던 내 역할도 끝난 것 같아요."

침실은 이별의 자리가 아니라 혼자의 밤을 살아가는 자리로 바뀌어야 한다는 것을 그녀도 인정하는 것 같았다.

침대 맞은편 벽면에 그녀는 처음으로 자신만의 화장대를 마련했다. 작은 거울과 스킨로션, 그리고 딸이 선물한 립밤. 그 자리에 앉는 순간 그녀는 작게 웃으며 말했다.

"이게 내 자리인가 봐요. 그 사람 없이 처음으로 생긴 자리."

정리가 끝나갈 무렵 미순 씨가 나지막이 중얼거렸다.

"그 사람이 사라진 게 아니네. 내가 잘 보낸 거네."

슬픔과 평온이 함께 깃든 말이었다. 정리는 애도를 끝내는 일이 아니다. 슬픔을 '자리'로 바꾸는 일이다. 지금도 사랑하지만, 그 사랑이 자신의 삶을 멈추게 하지는 않도록 공간을 조율하는 일이다. 사랑하는 배우자와 사별했을 때, 이별은 감정의 문제이기도 하지만 구조의 전환이 필요한 일이기도 하다. 두 사람이 함께 쓰던 공간은 한 사람이 살아갈 수 있도록 다시 배치되어야 한다.

그날 밤 미순 씨는 결혼 후 처음으로 베개를 하나 둔 침대 한가운데에 누웠다. 작은 스탠드를 켜고, 추억의 사진들을 보다가 잠이 들었다. 그것으로 충분했다.

지우는 법이 아니라 접는 법을 배웠다

"사람들이 그래요. 개는 10년밖에 못 산다고. 그런데 그 10년이 제 인생 절반이었어요."

30대 중반의 은진 씨는 20대 중반에 독립해 혼자 살면서 반려견 '몽이'와 10년을 함께했다. 가족 이상의 존재였던 몽이가 세상을 떠난 건 반년 전이었다. 그런데 은진 씨는 아직도 몽이의 물그릇에 물을 채워두고 있었다.

일상은 멀쩡히 흘러가는 것 같았다. 회사도 다녔고, 사람도 만났다. 집은 여전히 깔끔했고, 정리도 잘돼 있었다. 그런데도 하루하루 무너지고 있다는 기분이 계속 들었다.

"저는 괜찮은 줄 알았거든요. 근데 하루는 퇴근해서 현관에 들어오자마자 주저앉았어요. 불도 안 켜고 그대로 울었어요. 그때 처음 생각했어요. '아, 이 집이 나를 아프게 하고 있구나.'"

집은 말이 없었다. 그런데도 집 안 곳곳엔 몽이의 흔적이, 몽이의 부재가, 은진 씨의 감정이 소리 없이 쌓이고 있었다. 창가엔 아직 몽이의 방석이 펼쳐져 있었고, 물그릇엔 미지근한 물이 남아 있었다. 리드 줄은 현관 옆에 걸려 있었고, 침대 아래엔 작은 옷 몇 벌이 놓여 있었다.

"치워야 한다는 건 알아요. 그런데 치우면 몽이와의 관계가 정말 끝나는 것 같아서, 그래서… 계속 그 자리에 두고 있었어요."

정리는 그렇게 시작됐다. 감정이 견딜 수 없을 만큼 쌓였을 때가 아니라, 감정이 아무것도 말하지 않게 되었을 때 비로소 손을 댈 수 있었다.

"정리라도 하지 않으면 차라리 이사라도 가야 할 것 같았어요. 당장 이사하긴 어려운데, 정리를 하면 몽이를 버리는 것 같고…."

말하는 중에도 몽이 생각이 나는지 은진 씨는 울먹였다.

"정리는 기억을 지우는 게 아니에요. 감정을 다룰 수 있게 자리를 만들어주는 일이에요. 집을 이대로 두면 은진 씨도 불행할 것 같아요. 몽이가 그걸 원할까요?"

은진 씨가 가만히 고개를 저었다. 자신을 그토록 사랑했던 몽이가 주인의 불행을 원할 리가 없었다. 우리는 몽이의 공간을 없애지 않고, 접기로 했다. 우선 눈에 띄는 것부터 시작했다. 사료와 간식, 장난감은 상자에 담았다. 리드 줄과 몽이 사진은 함께 정리해 작은 메모리 박스로 만들었다. 그 위에 은진 씨가 쓴 메모 한 장을 붙였다.

"몽이야, 우리 함께했던 시간 고마워."

물그릇과 밥그릇을 치운 자리에 작은 초와 식물을 함께 뒀다. 햇살이 머무는 곳에 기억도 따뜻하게 놓아둘 수 있도록. 침대 옆 협탁엔 몽이와 함께 찍은 사진 한 장, 그리고 그녀가 새로 꺼내 쓴 다이어리 한 권을 두었다.

"참 이상하네요. 정리하면 더 슬플 줄 알았는데, 마음이 차분해졌어요. 몽이가 없어서 여전히 슬프지만, 삶이 텅 빈 느낌은 들지 않아요."

정리는 감정을 끝내는 기술이 아니다. 애도는 시간을 두고 오래도록 품어야 하는 감정이다. 나는 소중한 존재가 떠난 자리 앞에서 많은 사람이 머뭇거리는 모습을 수많은 공간에서 본다. 가장 조용한 물건 하나에도 눈을 떼지 못하는 시간을 안다. 하지만 나는 그때마다 이렇게 말한다.

"기억은 지우지 않아도 괜찮아요. 다만, 지금을 살기 위해선 그 기억이 차지한 자리를 정리하는 일이 필요합니다."

정리는 떠난 존재를 없애는 일이 아니라 남은 사람이 다시 살아갈 수 있도록 공간을 조율하는 일이다. 몽이의 작은 물그릇을 비울 때 나와 은진 씨의 눈이 마주쳤다. 나는 은진 씨의 손끝을 보며 그녀가 몽이를 얼마나 사랑했는지 깨달았다. 이런 내 마음을 아는 듯 그녀도 나를 보며 가만히 웃었다. 둘 다 굳이 아무 말도 하지 않았지만, 그녀에게 깊은 위로가 되는 듯했다.

서랍을 여는 데 2년이 걸렸어요

30대 중반의 동현 씨가 정리를 의뢰한 이유는 집 안이 복잡하거나 지저분해서가 아니었다. 7년 전 겨울에 어머니를 떠나보낸 지 5년 후 아버지마저 지병으로 보냈다. 결혼해서 따로 살던 형은 어머니가 돌아가시자 미국으로 이민을 갔다. 부모님과 함께 살던 집엔 동현 씨 혼자 남았다. 형식적인 정리는 끝났다고 생각했다. 쓰던 가구는 남기고, 침구는 바꿨다. 아버지 방엔 책상 하나가 남았다. 서랍 정리를 시작하다가 그만두길 반복했다.

"처음엔 서랍만 열면 정리가 될 줄 알았거든요. 그런데 아니었어요. 아버지 물건은 어디에나 있었어요. 거실 서랍, 냉장고 자석, 신발장 안, 창고 속 골프 백까지 그대로였어요."

그제야 그는 단순히 방 하나가 아니라 집 전체를 정리할 필요가 있다고 깨달았다. 마침 결혼하고 싶은 여성을 만났다. 세를 주고 신혼집을 얻는 방법도 고민했지만, 빛이 잘 들고 전망이 좋은 이 집을 아내가 마음에 들어 했다. 인테리어를 새로 하기로 했다. 집 정리를 의뢰한 이유도 아내를 위해서였다.

동현 씨는 정리를 시작하기로 결정했으면서도 마음속으로 머뭇거리는 듯했다. 이유를 물으니 "아버지를 지워버리는 것 같아서 죄책감이 드네요"라는 대답이 돌아왔다.

"정리는 그분을 지우는 게 아니라, 이제부터 '내가 사는 집'으로 공간을 다시 설계하는 일이에요."

동현 씨가 아버지와 함께 살아온 시간은 아버지를 돌보는 삶이었고, 정작 본인의 자리는 집 안에 없었다.

정리는 '그 방'부터 시작하지 않았다. 오히려 아버지의 흔적이 '숨겨져 있는 공간'부터 손을 댔다.

거실 서랍엔 아버지의 보험 서류, 진료 기록, 약 봉투들이 뒤섞인 채 남아 있었다. 종류별로 분류해 폐기하고, 필요한 정보만 디지털로 보관했다. 주방엔 아버지가 주로 쓰던 보온병과 약용 숟가락 등이 남아 있었다. 동현 씨가 쓰지 않을 물건이라 전부 버리기로 했다. 골프 백과 우산꽂이 뒤엔 20년 전 아버지가 쓰시던 낚싯대가 있었다. 오래됐지만 손때 묻은 물건이었다. 사진으로 남긴 뒤 '아버지의 시간'이라고 이름 붙였다.

마지막으로 아버지의 방을 정리했다. 나중에 태어날 아이 방으로 정했다. 새로운 가족을 맞이할 준비를 마친 집은 새로 태어난 공간 같았다.

동현 씨는 그동안 몸은 집에 살고 있었지만, 마음이 집에 머무르지는 않았다고 했다. 예전엔 돌아가신 부모님을 생각하면 마음이 무거웠지만 이제는 충분히 좋은 기억으로 남을 것 같다고도 했다. 누군가 머물던 공간이 시간이 지나 공간만 남기도 한다. 사는 사람이 달라지면 공간도 달라져야 한다. 사람이 변하듯 공간도 변해가는 것이다. 기운이 좋은 집, 설렘이 있는 집, 숨 쉬며 살아 있는 집은 지금 살고 있는 사람이 만든다.

정리가 나를
다시 살게 했다

정리를 끝낸 후 나를 보기 시작했다

"정리를 마치니 걸음걸이부터 달라졌어요."

나는 의뢰인들로부터 종종 이런 이야기를 듣는다. 머뭇거리던 사람이 주저 없이 걷는다. 늘 움츠려 있던 사람이 어깨를 펴고 걷는다. 땅만 보던 사람이 고개를 들고 활짝 웃으며 걷는다. 편안한 공간에 머물며 살아간다는 감각은 이토록 사람을 바꿔놓는다.

"집에 들어왔을 때, 예전엔 그냥 벗고 눕기 바빴는데 요즘은 가방을 내려놓고 여유 있게 행동해요. 물도 천천히 마시게 돼요."

얼마 전 집 정리를 마친 세현 씨의 말이다. 별것 아닌 행동 같지만, 자신의 일상을 받아들이고 있다는 증거였다. 몇 번이고 강조하지만, 정리는 단지 물건을 줄이는 게 아니라 삶의 리듬을 회복하는 가장 구체적인 기술이다.

세현 씨의 집은 두 아이를 키우느라 거실엔 장난감, 방 한쪽엔 '나중에 정리할' 상자들이 쌓여 있었다. 정리 과정의 마지막에, 그녀가 "이건 나중에 볼게요"라며 계속 미뤄왔던 상자를 열었다. 거기엔 그녀가 대학 시절 써둔 일기장과 첫 회사 입사 후 작성한 사직서, 그리고 출산 전 친구가 쓴 카드가 들어 있었다.

"그때 제가 누구였는지 잊고 있었네요."

우리는 그 상자를 일부만 남기고 비웠다. 거실 구조를 바꾸고, 책장에는 그녀가 읽고 싶던 책을 다시 꽂았다. 정리가 끝나자 그녀는 감동한 얼굴로 말했다.

"애들은 그대로인데요, 그 사이에 제가 다시 생긴 것 같아요. 전에는 '아이 엄마'였는데 지금은 그냥 저라는 사람으로 이 집에 다시 앉을 수 있게 됐어요."

정리를 마친 집은 '깨끗해졌다'란 말로 설명되지 않는다. 그 집에 사는 사람이 스스로에게 말을 걸기 시작할 때 비로소 정리가 완성됐다고 할 수 있다. 나만을 위한 책상 위 노트 한 권, 매일 쓰는 식탁 위 예쁜 물컵, 거실 한쪽의 편안한 의자 하나. 작은 변화지만 '나를 다시 보겠다'라는 선언이다.

정리를 마친 공간에 들어가면 사람은 그제야 자기 얼굴을 보게 된다. 정리 이전엔 가족, 짐, 역할, 감정, 그리고 미루어둔 선택들이 공간을 채우고 있기 때문에 자기 얼굴조차 가려져 있다. 하지만 정리를 마친 후에는 조용히 말한다.

"아, 여기가 내 자리구나."

"이건 내가 고른 거야."

"지금 나는 이만큼이구나."

정리는 그 말이 나오게 하기 위한 조용하고도 확실한 구조 설계다. 나는 누군가의 집에서 정리가 끝난 후 조명이 켜지는 걸 자주 본다. 사람이 바뀌는 게 아니라, 앉을 수 있는 자리가 생기면서 그 사람이 '드러나는 것'이다. 정리하기 전의 집은 우리에게 이렇게 묻는다.

"이 집에서 당신은 어디에 있나요?"

그리고 정리가 끝난 후의 집은 이렇게 알려준다.

"여기입니다. 이 자리가 바로 지금 당신이 다시 살아가는 자리입니다."

왜 이렇게 쌓아두고 살았을까?

정리를 하다 보면 가장 많이 듣는 말이 있다.

"언젠가 쓸지도 몰라서요."

"아직 멀쩡한데 버리긴 아깝잖아요."

"이건 누가 선물한 거라서요."

"버리면 죄 짓는 기분이에요."

나는 안다. 물건을 향한 변명 같지만, 사실은 감정을 덮고 있는 이야기라는 것을. 그 사람은 지금 물건을 못 버리는 게 아니다. 그 물건을 통해 자신의 과거, 관계, 역할을 지키고 있었던 것이다.

30대 후반의 직장인 민수 씨의 집을 정리할 때였다. 그가 10년 전 다녔던 회사 동료의 명함이 나왔다.

그는 말했다.

"그 사람 이름을 기억해두고 싶어서요. 이런 인연을 다시 만들 수 있을까 싶기도 하고…."

나는 조용히 물었다.

"명함을 버리면 인연이 사라지나요?"

그는 잠시 멈췄고, 그제야 명함을 내려놓았다. 정리는 이런 질문을 끊임없이 던진다.

"이 물건은 지금 당신의 삶에 어떤 역할을 하고 있나요?"

"지금도 당신을 위해 작동하고 있나요?"

"그 자리에 계속 둘 만큼 중요한가요?"

물건은 단지 물건으로만 남아 있는 경우가 드물다. 그건 '나였던 시간'이고, '내가 지켜낸 관계'고, '내가 감당했던 감정'이다. 즉, 사람들이 쌓아두는 건 감정이고, 결정의 보류이고, 자기 역할에 대한 미련이다. 그래서 나는 정리에서 '물건'보다 먼저 '판단 기준'을 묻는다.

"지금도 나를 돕고 있는가?"

"내 공간에서 살아 있는 물건인가?"

"지금의 나에게 필요한 구조를 만들어주는가?"

이 질문 앞에서 사람들은 비로소 '쌓아둔 이유'를 직면하게 된다. 중요한 건 따로 있다. 문제는 물건을 쌓는 것이 아니라, 그걸 계속 보면서도 아무 결정도 내리지 않는 상태라는 것이다. 그런 공간에서 사람은 점점 감각이 무뎌진다.

"이건 너무 많아, 근데 나중에 하자."

"그냥 이대로 살아도 되겠지…."

그러면서 삶이 고여버린다. 정리는 미루고 미루다 '결심'이 생겼을 때 하는 일이 아니다. 정리는 그 결심이 생길 수 있도록 공간을 다르게 만드는 실행이다. 쌓아둔 짐이 나를 밀어내기 전에, 그 물건들이 나 대신 살기 전에 내 자리를 찾아야 한다. 우리는 왜 이렇게까지 쌓아뒀을까? 사실은 몰랐기 때문이다. 비워야만 지금을 살아갈 수 있다는 것을. 물건이 아니라 '나를 위한 공간'을 먼저 설계해야 한다는 것을. 정리는 나와 가족이 살 공간을 다시 설계하고 살아 있는 감각을 되찾는 구체적인 연습이다.

정리된 공간에 앉는다는 것

정리를 끝내고 내가 가장 자주 듣는 말은 "이 자리에 처음 앉아봤어요"라는 고백이다. 놀랍지만 흔한 일이다. 식탁엔 아이들 책과 택배 상자가 쌓여 있었고, 거실 소파엔 개놓은 빨래가 있었고, 침대 옆 협탁엔 고장 난 스탠드와 오래된 리모컨만 있었다. 그런데 정리를 마치면 사람들은 조심스럽게 그 자리에 앉는다.

"여기서 차 한잔 마셔도 되나?"

"밤에 조명 켜고 책 한 페이지 읽어도 되나?"

분명 집 안에 있었지만, 그 사람에게는 없던 자리였다. 나는 그런 순간을 무수히 봐왔다. 가장 정확한 변화의 증거는 집이 깨끗해졌다는 말보다 "이제 여기 앉을 수 있어요"라는 말이다. 왜냐하면 정리는 앉을 수 있는 구조를 만드는 일이기 때문이다. 거기에 앉기 전까지 사람은 늘 어딘가에서 '참고' 있었다. 일을 참아야 하고, 감정을 미뤄야 하고, 쉴 수도 없고, 쉬고 싶다고 말할 수도 없었다.

그런데 공간이 비워지고, 물건이 줄어들고, 조명이 다시 켜지면 사람은 어느새 그곳에 앉아 있는 자신을 발견한다.

"밤에 거실 조명만 켜두고 음악을 들었어요. 그게 그렇게 좋을 줄 몰랐어요."

"주방에서 혼자 밥 차려 먹었는데, 예전엔 귀찮았지만 이제는 저를 위한 예의 같았어요."

"소파에서 책을 펼쳤는데 처음으로 거기에 제가 있었어요."

이 말들은 정리가 사람을 바꾼 게 아니라, 공간이 그 사람을 다시 앉게 만든 결과다. 그래서 나는 자주 이렇게 말한다.

"정리는 물건을 비우는 기술이 아니라 '나를 위한 자리를 확보하는 능력'이에요."

어떤 사람은 이렇게 말했다.

"이 집에서 제가 제일 많이 서 있더라고요. 앉아 있는 사람은 다 가족인데, 저는 늘 뭔가를 들고 있거나, 찾고 있거나, 치우고 있거나…."

그런 사람들이 많다. 특히 엄마, 아내, 딸로 살아온 여성일수록 그렇다. 가족을 위한 자리를 만들고는, 정작 자기 자리를 비워두며 산다. 하지만 정리를 통해 주방과 거실과 침실에서 조금씩 '자기 자리를 회복한 사람'들은 말한다.

"이 자리가 생기고 나니까 제가 조금 더 살아 있는 기분이에요."

정리는 결국 그런 일이다. 하루에 10분이라도 앉아 숨을 고를 수 있는 구조를 만들고, 누가 시키지 않아도 자기 삶을 돌보는 시간을 내는 것이다. 그렇게 정리는 어느 순간 '허락'이 된다.

"여기 앉아도 돼."

"지금 멈춰도 돼."

"너만의 공간이야."

그 말을 공간이 해줄 수 있을 때 우리는 삶을 힘차게 살아가게 된다. 정리된 공간엔 결국 자신이 다시 앉게 된다. 그리고 그 자리에서 비로소 나라는 사람이 보이기 시작한다. 아무것도 하지 않아도 되는 자리. 누구의 눈치도 보지 않고 단지 내가 나로서 존재할 수 있는 공간. 그게 바로 정리의 진짜 목적지다. 그 자리가 생겼을 때 정리는 비로소 완성된다.

이제야 앉을 수 있는 자리가 생겼다면, 이제부터는 그 자리를 어떻게 지킬 것인지, 어떤 기준으로 살아갈 것인지가 중요해진다. 정리는 한 번 하고 끝나는 일이 아니다. 삶이 변할 때마다, 감정이 흔들릴 때마다 다시 내 자리를 점검해야 한다. 무엇을 남기고 무엇을 떠나보내야 지금의 내가 잘 살 수 있을까? 다음 장에서는 인생의 흐름이 바뀔 때마다 필요한 정리의 기준과 원칙을 이야기하겠다.

2장

무엇을 남기고
무엇을 떠나보낼 것인가

Keep It   Leave It   Cherish It

"정리의 목표는
더 많은 것을 소유하거나 관리하는 게 아니다.
물건을 착착 쌓아두고 깨끗하게 유지하는 것도 아니다.
정리의 진짜 목표는 내 삶을 '핵심'으로 채우는 것이다.
삶에서 중요한 목표를 명확히 하고,
그에 맞는 시간을 쓰며 집중하는 것이다.
그것이야말로 삶의 가치를 올리는 일이며,
물건보다 중요한 삶의 우선순위를 정리하는 일이다."

내 삶을 무겁게 하는 것들과 작별하라

물건이 아니라 마음이 문제다

정리 현장에서 1만여 명 넘는 사람들을 만나다 보니 정리를 잘하는 사람들과 그렇지 못한 사람들의 차이점을 알 수 있었다. 처음엔 정리를 좋아하거나, 좀 더 부지런하거나, 성향이나 성격이 다른 줄 알았는데 꼭 그런 것은 아니었다. 성공한 사람들, 부자들의 집 정리를 하면서 공통점을 발견하기도 했는데, 삶의 모습과 이력은 각양각색이지만 비슷한 점이 있다는 것이 신기했다.

가장 인상적이었던 부분은, 정리를 잘하는 사람들은 무엇을 남기고 무엇을 버릴지 '망설임 없이 선택한다'는 점이다. 정리를 잘하는 사람들은 손부터 다르다. 손끝에 한

점 망설임이 없다. 입보다 빠르게, 손이 이렇게 말하는 듯하다.

"저는 무엇을 남기고 무엇을 버릴지 정확히 알아요."

반대로, 정리를 잘 못하는 사람들은 손끝에 망설임이 가득하다. 물건을 들었다 놨다, 여기에 놓았다 저기에 놓았다 하며 자리만 옮길 뿐 남길지 버릴지 선택조차 어려워한다. 쌓인 물건들을 정리하며 가벼움을 꿈꾸면서도, 물건에 치이는 생활로 금세 돌아간다. 이유는 단순하다. 물건이 문제가 아니라, 마음이 문제이기 때문이다. 마음이 바뀌지 않으면 정리는 반복되는 육체노동일 뿐이다.

좋아하지도 않고, 쓰지도 않고, 소중하지도 않고, 필요하지도 않은데 왜 '정리'하지 못하고 망설이는 걸까? 그것이 정체성을 상징한다고 믿기 때문이다. 옷장에 있는 옷, 책장에 꽂힌 책, 심지어 오래된 기념품조차 단순한 물건이 아니라 과거에 선택했던 '나'의 흔적들이다. 그래서 정리는 과거의 나와 작별하는 과정이기도 하다.

심리학자 대니얼 카너먼에 따르면 우리는 이익보다 손실을 더 크게 느끼는 경향이 있다. 그는 이것을 '손실 회피 성향'이라고 불렀다. 물건을 버릴 때도 무언가 '손해 보는 감정'을 느끼는 게 아닐까? 어쩌면 우리가 느끼는 손실에 대한 감정은 물건 자체가 아니라 그 물건에 얽힌 기억과 감정인지도 모른다. 예를 들어 옷을 버리려 할 때 '이 옷을 입을 때마다 정말 행복했지!'라는 생각이 떠오른다면 그 옷은 옷 이상의 의미를 지닌 물건이다. 정리를 단순히 공간이나 물건 정리가 아니라 '감정을 정리하는 심리적 작업'이라고도 말하는 이유이다.

그러나 만족스러운 삶을 살고 싶다면, 어쩔 수 없는 것에 집중하기보다 할 수 있는 것에 에너지를 써야 한다. 정리에도 같은 원칙이 적용된다. 과거의 추억을 바꿀 수 없지만, 그것을 대하는 태도는 바꿀 수 있다. 물건을 정리하기 전, 자신에게 질문을 던져보자.

"이 물건이 지금 내 삶에 어떤 가치를 더하고 있는가?"

답이 명확하지 않다면 과감히 작별을 고하자. 기억은 물건이 아니라 마음에 남아 있다. 물건이 없어도 추억은 사라지지 않는다.

불필요한 물건을 버리는 것은 단순히 공간을 비우는 행위가 아니다. 자신을 얽매고 있던 마음의 짐을 덜어내는 과정이다. 일종의 해방 효과인 셈이다. 물건을 비우면서 스스로에게 이렇게 말해보자.

"과거의 나를 붙잡는 대신 앞으로의 나를 선택할 것이다."

정리는 공간을 비우는 것에 그치지 않고, 삶에 대한 태도를 가볍게 만든다. 자유롭게 살고 싶다면 비우는 법을 배워야 한다. 지금 당장 주변을 둘러보자. 눈에 보이는 물건 중 현재의 나와 관계없는 것이 있는가? 작은 책 한 권도, 오래된 옷도 괜찮다. 작별을 고하며 스스로에게 말해주자.

"나는 지금 나를 위한 공간을 만들고 있다."

정리를 통해 삶을 단순화하고, 나를 짓누르는 마음의 무게에서 벗어나는 경험을 해보자.

불필요한 감정, 관계, 물건을 버리는 법

삶이 가벼워지길 원한다면 물건과 더불어 감정과의 관계도 정리해야 한다. 깊이 묻어두었던 심리적 짐을 내려놓는 것은 물리적인 정리보다 더 큰 자유를 가져다준다. 실제로 어떻게 하는 게 좋을까?

첫 번째는 불필요한 '감정'을 짐이 아닌 자원으로 바꾸는 것이다. 그동안 정리 현장에서 수많은 사람을 만나면서, 과거의 후회와 아쉬움이 현재를 짓누르는 짐이 되는 모습을 자주 봤다. 감정 정리도 물건 정리처럼 질문에서 시작된다.

"이 감정이 내게 어떤 가치를 주는가?"

이 감정이 현재의 자신을 이롭게 하지 않는다면 내려놓아야 한다. 과거의 일을 돌아보되, 미래에 활용할 수 있는 긍정적 에너지를 찾아야 한다. 불필요한 물건을 정리하듯 후회와 자책을 통해 배운 점을 떠올려보자. 핵심은 아쉬운 감정이 자신을 앞으로 나아가게 하는 동력이 될 수 있도록 활용하는 것이다.

내가 자주 쓰는 구체적인 방법을 소개한다. 지금 느끼는 감정을 종이에 나열해서 써보고, 나를 가장 힘들게 하는 감정에 동그라미를 친다. 그리고 그 이유를 생각나는 대로 써 내려간다. 예를 들어 '짜증'이라면, 최근 짜증 나는 일이 무엇이었는지, 어떤 상황이나 말에 짜증 버튼이 쉽게 눌리는지 원인을 찾아보는 것이다. 글로 쓰면 머릿속으로 생각만 할 때보다 훨씬 더 명확해진다. '아, 그때 내가 그래서 그랬구나!'라고 깨닫는 것만으로도 환기가 되므로 복잡한 마음이 정리된다.

두 번째는 '정리'와 '유지'를 나누는 것이다. '관계'는 삶에서 중요한 요소지만, 모든 관계가 나를 행복하게 하지는 않는다. 때로는 관계를 유지하려는 집착이 자신을 지치게 하고, 에너지를 소모하게 만든다. 관계 정리는 단절이 아니라 집중이다. 나를 해롭게 하는 관계를 끊어내고, 진정으로 중요한 관계에 집중하는 것이다.

"이 관계는 나를 성장하게 하는가, 아니면 나를 소모하게 만드는가? 관계를 유지하는 것이 나와 상대방 모두에게 유익한가?"

독이 되는 관계에서 벗어나고 싶을 때는 가장 먼저 명

확한 경계를 설정한다. 자신의 한계를 분명히 하고, 상대방에게 과도한 기대를 하지 않는 것이다. 긍정적인 관계에 집중하면 에너지 소모가 줄어들고, 나를 응원하고 지지하는 사람들과 더 많은 시간을 보낼 수 있다. 때로는 관계를 끝내는 것이 두렵겠지만, 이러한 결정으로 자신에게 더 건강한 환경을 만들 수 있다.

세 번째는 삶을 단순하게 만드는 첫걸음으로 불필요한 '물건'을 정리하는 것이다. 물건은 삶을 반영하는 거울이다. 입지 않는 옷, 쓰지 않는 가방, 충동적으로 구매한 액세서리는 무거운 짐에 불과하다. 정리의 시작을 도와줄 방법은 다음과 같다.

우선 카테고리별로 정리하자. 한 번에 모든 일을 하려는 욕심을 버리고 옷장, 책장, 주방 등 한 영역씩 정리한다. 쓰지 않는 물건은 필요로 하는 사람들에게 주자. 물건을 나누는 것은 마음의 무게를 덜어주는 효과가 있다. 정리를 끝낸 후에도, 물건을 새로 들이기 전에 그것이 꼭 필요한지 질문하는 습관을 들이면 도움이 된다.

감정, 관계, 물건은 삶과 깊이 연결되어 있지만, 동시에 삶을 무겁게 만드는 원인이다. 정리하면서 마음을 비우고, 더 중요한 것에 집중하는 힘을 키워보자.

나를 짓누르는 감정의 무게에서 벗어나기

부담스러운 관계, 끝나지 않은 일, 과거에 대한 후회와 미래에 대한 불안은 삶을 버겁게 만든다. 그때 우리는 종종 외부 환경을 탓하지만, 실제로 우리를 짓누르는 건 관계의 무게일 때가 많다.

결혼 10년 차 주부 여은 씨는 거실 한가운데를 차지하고 있던 소파를 버리겠다고 결정했다. 시어머니가 신혼 초에 보낸 것이었다. 여러 번 이사하는 동안 집 안의 물건이 많이 바뀌었어도 소파는 10년 동안 거실을 차지하고 있었다. 누군가에게는 단지 고급스럽고 화려한 앤틱 소파로 보였을지도 모른다. 그러나 모던하고 심플한 취향을 가진 여은 씨에게는 부담스러운 애물단지에 불과했다. 자신의 취향과 의견을 존중하기보다 "네가 뭘 아니? 이게 더 좋은 거야"라며 자녀 문제부터 이사 문제까지 사사건건 간섭하던 시어머니를 떠올리게 했기 때문이다.

그녀는 결혼 초부터 지속된 시어머니와의 문제를 더 이상 회피하지 않고 직면하고 싶다고 했다.

"많은 갈등이 생기겠지만, 차라리 싸워볼래요."

소파를 치우는 여은 씨의 손길이 단호했다. 주저하면서 집 안의 물건을 이리저리 옮기던 때와는 무척이나 달랐다. 그 손을 보며 그녀의 삶이 앞으로 참 많이 달라지겠다고 생각했다. 자신을 무겁게 만드는 감정에서 벗어나겠다고 결정했으니 말이다.

감정에서 벗어나는 것은 갈등을 덮어두거나 과거를 잊는다는 의미가 아니다. 그간의 삶을 다른 시각에서 바라보고 의미를 새롭게 찾는 일이다. 오래 묵은 감정을 내려놓기 어렵다면 가장 가벼운 것부터 내려놓아보자. 작은 후회나 사소한 미련도 좋다. 인생을 무겁게 만들었던 관계의 짐을 하나씩 덜어내는 동안 고민은 줄어들고 활력은 커질 것이다.

남길 것만
남겨라

필요해서가 아니라 버리지 못해서다

정리를 잘하는 사람들은 물건을 쌓아두지 않는다. 쌓아둘 지경이 되기 전에 재고를 파악해서 적당량을 유지한다. 아무리 필요한 물건이라도 넘칠 정도로 있다면 정리가 필요하다는 뜻이다.

은중 씨의 주방 서랍 안에는 유난히 비닐봉지가 많았다. 비닐봉지 안에 비닐봉지가 서너 개씩 들어 있기도 했다. 다용도실에는 쇼핑백이 가득 쌓여 있었다. 큰 쇼핑백 안에도 다양한 크기의 쇼핑백이 수십 개 들어 있었다. 비닐봉지와 쇼핑백 모두 평생 동안 다 쓰지 못할 만큼 양이 어마어마했다.

드레스룸에는 가방이 잔뜩 쌓여 있었다. 굳이 열어보지 않아도 알 것 같았다. 가방 안에 틀림없이 가방이 들어 있을 거라는 걸. 실제로 그랬다. 가방만 있는 게 아니었다. 볼펜, 휴지, 영수증을 비롯해 빵 봉지, 사탕 껍질, 비타민 캡슐 등이 한도 끝도 없이 나왔다. 베란다에는 상자들이 겹겹이 쌓여 있었다. 상자 안에도 상자들이 들어 있었다.

이 모든 것이 필요해서 보관했다는 생각은 들지 않았다. 버리지 못해 쓰레기를 쌓아두었을 뿐이었다. 소중한 물건도 쌓아두면 잘 쓰지 않게 된다. 비닐봉지 안에 비닐봉지를 넣고, 가방 안에 가방을 넣고, 상자 안에 상자를 넣으며 공간을 효율적으로 쓴다거나 수납을 잘한다거나 알뜰하다고 생각한다면, 그런 생각은 당장 버리는 게 좋다. 이것이야말로 정리를 못 하는 사람의 특징이기 때문이다.

이들은 필요 없는 물건을 과감하게 버리기보다 '일단 보관하고 보자'라는 태도를 유지한다. 가방에서 볼펜, 휴지, 영수증, 사탕 껍질을 발견하더라도 하나씩 버리는 게 번거로워서 그냥 둔다. 가방을 바꿔 들 때도 안에 있는 물건을 정리하지 않고, 그대로 새 가방으로 옮긴다. 시간이 지나면 가방 속은 작은 잡동사니들로 가득 찬다. 눈에만 안 보이면 된다고 생각하기도 한다. 그들에게 정리는 '보관할 공간을 늘리는 것'이지, '불필요한 것을 줄이는 것'이 아니기 때문이다.

진짜 필요한 것만 남기는 단호함

정리는 진짜 가치 있다고 생각하는 것에 집중하는 용기이다. 이런 단호함을 지키기 위해서는 '필요'와 '욕망'을 구분해야 한다. 필요는 우리 삶을 풍요롭게 하지만, 욕망은 순간적인 즐거움으로 끝난다. 정리할 때는 자신에게 솔직한 게 좋다.

"이것이 정말 필요한가, 아니면 단지 갖고 싶은가?"

삶에서 진짜 필요한 건 생각보다 훨씬 적다. 불필요한 것을 과감히 제거했을 때 삶의 만족도가 높아지고, 더 깊이 있는 경험으로 채울 수 있다. 단호함은 하루아침에 생기지 않는다. 하지만 작은 연습을 통해 키워나갈 수 있다. 정리할 때 단호함을 기를 수 있는 몇 가지 방법을 소개한다.

첫 번째는 작은 품목별로 정리하는 것이다. 한꺼번에 모든 것을 정리하려고 하면 결정에 대한 피로감이 몰려든다. 옷, 책, 주방용품 등으로 나누어 한 가지만 집중적으로 정리하자.

두 번째는 시간을 제한하는 것이다. 제한된 시간 안에 정리를 끝내려 하면 결정이 빨라진다. '이 물건들을 30분 안에 정리하겠다'라는 등의 목표를 세우자.

세 번째는 질문을 바꿔보는 것이다. "버릴까 말까?"라고 묻는 대신 "이 물건이 내 삶에 어떤 가치를 더하고 있는가?"라는 질문을 던지자. 물건의 현재 가치를 더 명료하게 알게 된다. 삶에 어떤 가치도 더하고 있지 않지만 버리기 어려운 물건들이 있다면, 필요한 사람들에게 나눠주자. 물건이 새로운 가치를 가지게 되면 마음의 짐도 줄어든다.

물건을 줄이면 인생의 밀도가 높아진다. 진짜 필요한 것만 남기면 더 아껴 쓴다. 물건과 공간과 집을 정리해서 삶의 밀도를 높이는 일은 심사숙고해서 남긴 것들의 가치를 인정하는 일이다. 그것을 중심으로 하루를 채우는 것이다. 단호해지면 삶이 가벼워지고, 중요한 것들에 집중할 수 있다. 오늘 내 삶에서 진짜 중요한 것을 남기기 위해 무엇을 선택할지 생각해보자. 내가 남긴 것이 내 삶을 구성하는 본질이다.

물건보다 중요한 삶의 우선순위 정리

인류는 아주 오래전부터 물건을 만들고 소유해왔다. 처음에는 생활을 편리하게 만들 도구에 불과했을 물건이 어쩌다 이렇게 삶을 지배하게 되었을까? 집에 있는 수많은 물건을 단지 도구로만 여기는 사람은 드물 것이다. 심지어 '내가 소유한 물건이 곧 나'라고 생각하는 이들도 있다.

그러나 물건은 물건일 뿐, 자신의 에너지와 시간을 어디에 투자할지를 결정하는 것이야말로 정리의 본질이다. 삶의 우선순위를 제대로 설정하지 않으면 끝없는 소비 속에서 길을 잃고 만다.

　미국 경영학자 피터 드러커는 "가장 중요한 것을, 가장 중요한 것으로 남기라"라고 말했다. 삶에서 정말로 중요한 것은 무엇일까? 사람마다 다르겠지만 공통적인 것을 꼽아보면 건강, 관계, 그리고 자신만의 성취 아닐까. 삶의 우선순위를 정리하고 싶다면 세 가지 질문을 던져보자. 방향이 애매하고 헷갈릴 때 북극성 같은 역할을 해줄 것이다.

　"내가 진정으로 가치를 두는 것은 무엇인가?"
　"내가 하루 중 가장 많은 시간을 투자하는 것은 무엇인가?"
　"지금 내가 쏟는 에너지가 나의 목표와 일치하는가?"

　물건은 시간이 지나면 익숙해지지만, 경험은 삶에 더 오래 지속되는 영향을 미친다. 예를 들어 새로운 가방을 사는 대신 사랑하는 사람과 여행을 떠나면 훨씬 더 깊고 풍부한 추억을 만들 수 있다. 삶의 우선순위를 찾으려면 어떻게 해야 할까? 내가 정리 현장에서 깨달은 방법 세 가지는 다음과 같다.

　첫 번째는 소비 패턴을 재검토하는 것이다. 물건을 구매하기 전에 '이것이 내 삶의 질을 정말로 높여줄까?'라고 물어보자.

　두 번째는 시간과 에너지를 재분배하는 것이다. 물건을 관리하는 시간을 줄이고, 그 시간을 사람들과의 교류나 자기 계발에 사용한다.

세 번째는 경험을 우선시하는 것이다. 물건보다 경험에 투자하자. 새로운 것을 배우거나 여행을 떠나도 좋다. 가족이 소중하다면 더 많은 시간을 함께 보내자.

우선순위를 정리하면 삶이 훨씬 가벼워진다. 삶에서 정말 중요한 것만 선택하고 남기면 불필요한 일에 에너지를 뺏기지 않고 진정 원하는 일에 더 깊게 몰입하게 된다. 물건이 아니라 목표와 가치를 중심에 두고 선택할 때, 삶을 더 명확하게 바라볼 수 있다.

정리의 목표는 더 많은 것을 소유하거나 관리하는 게 아니다. 물건을 착착 쌓아두고 깨끗하게 유지하는 것도 아니다. 정리의 진짜 목표는 내 삶을 '핵심'으로 채우는 것이다. 삶에서 중요한 목표를 명확히 하고, 그에 맞는 시간을 쓰며 집중하는 것이다. 그것이야말로 삶의 가치를 올리는 일이며, 물건보다 중요한 삶의 우선순위를 정리하는 일이다.

삶을 가볍게 만드는 선택 연습

삶은 '매일의 선택'으로 이루어진다. 이 선택들이 시간을 어떻게 사용하고, 무엇을 소유하며, 어디에 에너지를 쏟을지를 결정짓는다. 삶을 가볍게 만드는 선택을 하고 싶다면 다음 질문을 해보자.

"이 선택이 나의 행복에 어떤 영향을 미치는가?"

"이 선택이 나를 더 나은 방향으로 이끌고 있는가?"

"이것을 선택함으로써 포기해야 할 것은 무엇인가?"

삶을 가볍게 만드는 선택은 우선순위 정리에서 시작된다. 쇼핑하러 가면 너무 많은 물건 속에서 압도당할 때가 있다. 특히 무엇을 살지 제대로 정해두지 않으면 '반드시'라고 해도 좋을 정도로 결정 장애를 경험한다. 선택의 자유는 많을수록 좋은 것 같지만, 과도한 선택지는 오히려 우리를 마비시킨다.

너무나 많은 물건 속에서 길을 잃을 때 내가 쓰는 방법은 단순하다. 아무리 훌륭한 물건들이 유혹해도 내가 모든 것을 가질 수 없다는 사실을 인정하는 것이다. 쇼핑의 목적을 상기하고, 사야 할 것을 선택한 후 나온다. 물건이 아니라 나 자신을 우위에 두면 물건의 노예가 되는 것을 피할 수 있다. 선택의 우선순위를 정할 때 도움이 되는 몇 가지 기준이 있다.

첫 번째는 나 자신의 가치를 명확히 하는 것이다. 내가 삶에서 가장 중요하게 여기는 가치가 무엇인지 잊지 않는 것이다. 예를 들면 가족, 건강, 자기 계발 등이다.

두 번째는 물건이 아니라 목표를 중심에 두는 것이다. 나의 장기적 목표와 일치하는지 확인하고, 단기적인 만족보다 장기적인 성취에 초점을 맞추면 선택하기가 좀 더 쉬워진다.

세 번째는 선택의 범위를 좁히는 것이다. 옵션이 너무 많으면 결정하기가 어려워진다. 필요한 것만 남겨 선택을 단순하게 하면 에너지가 훨씬 절약된다.

네 번째는 선택을 실천으로 연결하는 것이다. 선택은 실천해야 의미가 있다. 처음엔 작은 변화부터 시작하자. 하루에 하나만 선택해도 큰 변화가 생긴다. 옷을 고르는 시간을 줄이기 위해 옷장을 간소화하거나, 매일 해야 할 일 중 우선순위가 높은 한 가지에만 집중하는 방식이다. 이때 중요한 것은 완벽함을 내려놓는 것이다. 모든 선택이 완벽할 필요는 없다. 현재의 선택이 최선이라고 생각하자.

다섯 번째는 정기적으로 선택을 점검하는 것이다. 일정한 주기마다 예전 선택들이 여전히 유효한지 살펴보고, 삶이 변화해서 우선순위를 조정할 필요가 생기면 유연하게 행동하자.

기준 없는 정리는
시간 낭비다

정리에도 방향이 필요하다

나는 마흔이 넘어서야 삶의 방향을 고민했다. 결혼 전에는 열심히 직장 생활을 했고, 결혼 후에는 아이들을 낳고 키우느라 정신이 없었다. 매일매일 열심히 살았지만, 언제부턴가 하루가 끝날 무렵에는 이상할 정도로 허무와 우울이 밀려들곤 했다. 내가 무엇을 위해서 살고 있는지 알 수 없었다. 가족을 사랑하고 남편과 아이들을 위해 최선을 다했는데도 '나'는 누구인지, '왜' 이렇게 살고 있는지 혼란스러웠다.

그때 만난 것이 '정리'였다. 세상에 이렇게 재미있는 일이 있는지 처음 알았다. 정리를 배우고 실천하고 더 나은 방법을 고민하면서 스스로에게 이런 질문을 던졌다.

"나는 무엇을 위해 시간을 쓰고 있는가?"

"이 일이 나를 원하는 곳으로 이끌고 있는가?"

나 자신에게 던지는 질문이었기에 대답도 솔직하게, 마음에서 우러나오는 대로 받아들였다. 질문을 하면 할수록 정리 전문가로 살고 싶었고, 정리를 통해 사람들이 더 행복해지도록 돕고 싶었다. 그 질문들은 이후 현장에서 정리의 방향을 잡는 데 중요한 기준이 되었다.

삶의 방향을 정하지 않고 하루하루 살아간다면 어떤 일이 생길까? 열심히 살아도 에너지만 소모한 채 막다른 길에 다다를 것이다.

삶의 방향을 설정하는 것이 일상의 우선순위를 정하는 기준이 되는 것처럼, 정리의 방향은 소중한 공간을 위해 어떤 물건을 남기고 어떤 물건을 내보낼지 결정하는 기준이 된다. 어떤 지향점도 없이 무작정 정리를 시작하면, 단순히 물건을 이리저리 옮기거나 반복적으로 비우는 데 시간과 에너지를 낭비하고 만다. 제대로 된 정리는 물건의 자리를 명확히 하고 불필요한 것들과 과감히 이별하는 것이다. 기준이 없으면 '버릴까 말까'를 고민하다가 결국 다시 쌓아두는 일을 반복한다. 인생의 목표 없이 바쁘게만 살아가는 것과 비슷하다.

정리에 실패한 사례는 곧잘 이런 모습으로 나타난다.

'한번 정리한 공간이 금세 다시 어지러워진다, 어떤 물건을 남길지 결정하지 못해 시간이 오래 걸린다, 물건을 줄여도 만족감이나 변화가 느껴지지 않는다.' 이 문제들은 '왜 정리하는가?'에 대한 답이 명확하지 않을 때 발생한다.

삶의 방향과 정리의 방향은 밀접하게 연결되어 있다. 정리의 기준을 삶의 목적과 우선순위에 맞추면 더 이상 물건에 집착하지 않고, 물건을 도구로 활용하며, 본질적인 가치에 집중할 수 있다.

그러기 위해서는 먼저 삶의 우선순위를 명확히 할 필요가 있다. 내가 삶에서 가장 중요하게 여기는 것은 무엇인가? 예를 들어 '건강'을 우선순위로 두었다면 건강에 해로운 물건은 자연스럽게 기준에서 제외된다.

두 번째는 정리의 목적을 설정하는 것이다. 정리를 통해 이루고 싶은 목표를 구체적으로 적어보자. 예를 들면 '집안을 효율적으로 사용하고 여유 공간을 만들기 위해서'라고 해도 좋다. 이렇게 목적을 세우면 자연스럽게 기준이 만들어진다.

세 번째는 정리의 기준을 삶의 방향에 맞추는 것이다. 정리해야 할지 말아야 할지 의문이 드는 물건이 있다면 '이것이 내 삶의 방향과 맞는가?'라고 물어보자. '맞지 않다'라는 대답이 나오면 더 이상 내 삶에 필요하지 않다는 뜻이다.

삶의 방향에 맞춘 정리는 일상에 깊은 변화를 불러온다. 우선 효율적으로 시간을 쓰게 된다. 불필요한 물건을 찾느라 낭비하는 시간도 줄어든다. 심리적 안정감을 느끼는 것도 큰 장점이다. 깔끔한 공간은 마음의 평온과 집중력을 높여준다. 정리를 하긴 해야겠는데 어떻게 시작할지 모르겠다면 인생의 방향과 연결해서 생각해보자. 물건을 정리하면서 삶의 우선순위도 재정립하게 될 것이다.

'이것이 내 삶의 가치에 맞는가?'라는 질문의 힘

효과적인 정리를 위해서는 먼저 스스로에게 '내 삶에 진짜 필요한 것은 무엇인가?'라는 질문을 던져야 한다. 이 질문은 물건에 국한하지 않고 삶의 모든 측면에 적용할 수 있다. 시간, 관계, 목표 등 모든 영역에서 핵심을 파악하는 데 도움이 된다.

정리는 목적이 명확할 때 가장 효과적이다. 정리의 목적은 조금씩 다르겠지만, 나는 현장에서 수많은 사람을 만나면서 몇 가지 공통점을 발견했다. 첫 번째는 효율적으로 살기 위해서다. 물건이 많으면 그만큼 시간이 많이 든다. 정리하는 목적이 시간을 절약하고 더 생산적인 일에 집중하기 위해서라면, 자주 사용하지 않는 물건은 과감히 정리할 필요가 있다.

두 번째는 심리적 여유를 위해서다. 어지러운 공간은 마음도 어지럽게 만든다. 정리의 목적이 심리적 안정감이라면, 시각적으로 부담을 주는 물건부터 정리하는 것이 좋다.

세 번째는 나만의 가치를 중심에 두기 위해서이다. 정리는 내 삶의 가치를 중심으로 이루어져야 한다. '내게 진짜 중요한 것은 무엇인가?'라고 자주 물으면 정리의 방향이 잡힌다.

개인이나 가족에 따라 맞춤형 기준을 세울 필요도 있다. 이때 다음과 같은 단계를 거치면 도움이 된다.

첫째, 가치 목록을 작성하는 것이다. 삶에서 중요하게 여기는 가치는 무엇인가? 가족, 건강, 창의성, 성장 등으로 다양할 것이다. 어떤 가치를 중요하게 여기느냐는 정리의 기준을 설정하는 출발점이다.

둘째, 물건과 가치를 연결하는 것이다. 자신이 지닌 가치와 물건이 어떻게 연결되는지 생각해보자. 건강을 중시한다면 오래된 운동기구를 유지할 가치가 있겠지만, 건강에 해로운 간식거리는 당장 정리해야 한다.

셋째, 남길 것과 버릴 것을 구분하는 것이다. 내 삶의 가치에 맞는 물건인지 아닌지 물어보면 저절로 답이 나온다. '버리기 아까워서', '언젠가 쓸지 몰라서'와 같이 명확하지 않은 대답이 나온다면 과감하게 버리자.

넷째, 감정적 집착에서 벗어나는 것이다. 많은 사람이

물건에 감정적으로 집착한다. 기억은 물건이 아니다. 좋은 추억은 항상 내 마음에 남아 있다는 사실을 기억하자.

다섯째, 나만의 기준으로 정리의 즐거움을 발견하는 것이다. 정리 습관을 들이면 공간이 깔끔해지고, 불필요한 선택과 스트레스가 줄어들며, 중요한 것에 에너지를 집중할 수 있는 여유가 생긴다.

정리는 수납이나 청소에만 한정되는 일이 아니다. 나를 이해하고 삶의 방향을 명확히 하는 과정이다. 오늘부터 '내 삶에 진짜 필요한 것은 무엇인가?'라는 질문을 중심에 두고 자신만의 기준을 만들어보자. 삶이 더 단순하고 의미 있게 변할 것이다.

정리의 기준이 삶에 미치는 영향

기준을 세워 목적 있는 정리를 하면 좋은 점이 많다. 첫 번째로 손꼽고 싶은 점은 집중력과 생산성이 향상한다는 것이다. 정리한 공간은 시각적 방해 요소를 차단하기에 그 안에서 더 깊게 몰입할 수 있다. 두 번째로는 심리적 안정감이 커진다. 어지럽던 공간이 정리되면 마음도 정리된다. 세 번째로는 시간이 절약된다. 불필요한 물건을 줄이면 필요한 것을 찾는 데 소요되던 시간이 줄기 때문에 하루의 효율성이 높아진다. 네 번째로는 의사 결정 능력이 강화된다. 중요한 것을 선택하는 경험은 더 나은 결정을 내리는 능력을 키워준다.

나도 중요한 결정을 내리거나 생각할 주제가 있을 땐 업무 공간을 깨끗하게 정리한 후 책상 앞에 앉는다.

기준 없는 정리는 나침반 없이 항해하는 것과도 같다. 바다 위의 배가 방향을 잃으면 아무리 노를 저어도 목적지에 닿을 수 없듯, 제대로 된 기준 없이 정리를 시작하면 시간과 에너지만 낭비한다. 물건을 무작정 비우는 것은 표류에 불과하며, 정리의 참된 목적을 잃게 만든다. 내 삶의 가치에 따라 정리의 기준을 세워보자. 망망대해에서 길을 찾아주는 나침반처럼 불필요한 노력을 줄이고, 의미 있는 행동을 늘리며, 궁극적으로 우리를 더 나은 삶의 목적지로 인도해줄 것이다.

무조건 버린다고
해결되지 않는다

버리기에서 보내기로

흔히들 정리를 버리는 일이라고 생각한다. 정말 버리기만 하면 정리가 될까? 버리기는 정리의 일부일 뿐, 정리 자체는 아니다. 물론 정리는 물건을 버리는 일에서부터 시작되는 경우가 많다. 우리가 너무 많은 물건 속에서 살고 있기 때문이다.

내 경험에 따르면, 버리지 않고 모아두는 건 부자도 연예인도 평범한 사람도 마찬가지였다. 특별한 이유가 있어서였을까? 돈이 많든 없든, 유명하든 아니든, 사회적으로 성공했든 아니든 희한하게도 이유는 같았다.

"나중에 쓸 것 같아서."

나중에 쓸 것 같은 물건이 어찌나 많은지 비닐봉지부터 케이크 묶은 끈, 쇼핑 봉투, 일회용 포크에 이르기까지 종류도 다양하고 양도 많았다. 진짜 입이 떡 벌어졌다. 수많은 정리 전문가가 "버려야 정리할 수 있다"라고 말하지만, 무작정 버리기 힘든 것도 사실이다. 나는 현장에서 많은 경험을 쌓다 보니, 무조건 버리기만 하는 정리는 우리 정서에 안 맞는 면이 있다고 생각하게 되었다. '정리란 버리기'라는 것도 선입견이 아닐까? 쓰레기라면 당연히 버려야 하지만, 쓸 만한 것까지 죄다 버린다면 낭비도 그런 낭비가 없다.

공간을 얻으려면 필요 없는 건 버려야 한다. 그러나 무조건 버리는 것도 문제가 있다. 이 두 가지 상반된 명제를 어떻게 풀면 좋을까? 버리기와 관련해 나는 많은 고민을 했다. 내 기준은, 사람들이 나은 선택을 하도록 돕는 제안을 하는 것이다. 사람마다 자기 기준이 있는데 전문가라고 해서 그 기준을 깡그리 무시할 수는 없다. 쓰지 않지만 보기만 해도 좋은 게 있고, 1년에 한두 번 쓰더라도 갖고 있는 것만으로도 만족스러운 게 있다. 못 버리겠다면 두면 된다. 자신에 맞게 맞춰가는 것이다.

민호 씨의 집은 수천 권의 책으로 가득 차 있었다. 그는 한때 작가를 꿈꾸었다고 했다. 소설, 역사, 심리, 자기 계발, 예술, 만화 등 온갖 분야의 책들은 물론 언제 샀는지도 모르는 오래된 문고본들까지 가득해서 서점을 방불케 했다. 책꽂이가 부족해 바닥까지 점령한 책들은 '이 집의 진짜 주인은 나'라고 시위하는 것처럼 보였다.

"다른 물건들은 쉽게 정리되는데 책 정리는 어렵네요."

그는 안타까운 눈길로 책들을 바라보았다. 그토록 아끼던 책을 정리해야만 하는 이유가 분명히 있었을 것이다. 그러나 나도 민호 씨도 굳이 이유를 묻지도, 말하지도 않았다. 그가 책장 맨 위 칸에서 책 한 권을 꺼냈다. 책등을 따라 손가락을 스치자 하얀 먼지가 날렸다. 표지가 바랠 대로 바래 있었다. 그는 민망하다는 듯 고개를 숙였다. 그러곤 조용히 혼잣말처럼 중얼거렸다.

"진짜 아끼던 책인데… 이걸 또 읽을 날이 있을까요?"

나는 굳이 대답하지 않았다. 답을 듣기 위한 질문이 아니었다. 게다가 질문에 대한 답은 민호 씨 스스로 잘 알고 있었다. 오래되었어도 자주 보는 책은 먼지가 없을 텐데, 소복하게 먼지가 쌓였다는 건 손도 마음도 오랫동안 닿지 않았다는 증거였으니. 민호 씨는 책을 몇 장 넘겨보더니 조용히 말했다.

"이젠 보내줘야겠네요."

책장 앞에서 망설이던 그는 언제 그랬냐는 듯 과감하게 책을 꺼내기 시작했다. 깜짝 놀랄 정도로 정리에 속도가 붙었다. 가장 난감했던 책들이 정리되자 집 정리도 일사

천리로 진행되었다. 그러나 아끼는 책들은 그대로 두었다. 어렵게 구했다는 희귀본이나 전집도 남겼다. 보내야 할 책들과 남길 책들을 구분한 것이다.

그날 내내 '보낸다'라는 말이 내 귀에 꽂힌 채 떨어지지 않았다. 한때 소중했지만 지금은 사용하지 않고 손길조차 닿지 않는다면 이미 삶에서 떠난 것과 다름없다. 애정을 갖고 오래 간직한 물건을 '버리는 일'은 어려워도, 이제는 함께하지 않는 물건을 '보내는 일'은 괜찮지 않을까?

버리기에서 비우기로

버리기에 대한 또 하나의 관점은 '비우기'이다. 비운다는 건 몸에도 삶에도 정말 중요한 일이다. 먹기만 하고 비우지 못한다면 우리 몸은 독소로 가득 찰 것이다. 혈액순환이 안 되어 노폐물로 꽉 찬 몸엔 염증이 생기고 면역력도 크게 떨어진다. 먹고 비우는 과정이 적절할 때 몸이 건강한 것처럼, 집도 삶도 채우고 비우는 과정이 원활해야 한다.

잘 비우는 사람들이 '절대 하지 않는 말'이 있다. 바로 "언젠가"라는 말이다. 겨우 그 한마디냐고? "언젠가"라는 말에는 생각보다 막강한 힘이 있다. '언젠가' 쓸지 몰라서 쟁여둔 물건들을 생각해보라. 쇼핑백, 비닐봉지, 포장지, 박스, 리본, 고무줄 등 자질구레한 물건들이 적어도 수백

개는 되지 않는가? 비슷비슷한 화이트 셔츠와 블랙 슬랙스를 몇 벌씩 갖고 있지는 않은가? 뜯지도 않고 쟁여둔 핫팩과 마스크는 또 얼마나 많은가?

잘 비우는 사람들은 '언젠가' 대신 '필요할 때' 다시 구할 수 있다고 생각한다. 언젠가 쓸지 모르는 물건들을 소중한 내 공간에 모셔두는 일은 절대 하지 않는다. '언젠가 혹시 쓸지 모르니까'라는 생각에 버리지 못한다면 은하 씨의 사례가 도움이 될 것이다.

10년 차 직장인 은하 씨의 옷장 안에는 입지 않은 정장이 수두룩했다. '언젠가' 입을지 몰라서 남겨두었지만, 지난 3년 동안 한 번도 입지 않은 것들이 대부분이었다. 집 정리를 하며 은하 씨는 과감하게 옷장을 비웠다. 정리가 끝난 후 쾌적해진 옷장 앞에서 매일 아침 입을 옷을 고르는 것이 즐거운 루틴이 되었다. '언젠가 입겠지'라는 불확실한 기대보다 '지금 입는 옷만 남기자'라는 기준이 삶을 더 단순하고 효율적으로 만든 것이다.

집 안 가득 쟁여둔 물건들을 언젠가 쓸 날이 올지도 모른다. 그러나 그날을 기다리는 동안 살아 있는 공간을 죽어가는 공간으로 만들고 있다는 것도 알아야 한다.

버리는 것만으로는 충분하지 않다

정리하면서 엄청나게 버렸는데도 만족감이 오래가지 않는 이유는 무엇일까? 버리는 것 자체가 목적이 되면, 소비 패턴을 바꿀 기회를 갖지 못한 채 새로운 물건을 들이게 된다. 예를 들어 '깔끔한 집에서 살고 싶다'라는 목표를 위해 물건을 버렸다고 해도, 목표가 외형적 결과에만 초점을 맞춘다면 내면의 변화는 일어나지 않는다.

버리는 것만으로는 충분하지 않다. 물건을 버릴 때는 왜 그것을 소유했는지, 그리고 앞으로 무엇을 남길지를 고민해야 한다. 심리적·감정적 집착에서 벗어나고 새로운 소비의 유혹을 단호히 거부할 때 비로소 진정한 변화를 경험할 수 있다.

삶의 여유와 기회를 만들어내기 위해서는 불필요한 것을 과감히 내려놓는 용기가 필요하다. 물건, 관계, 일, 심지어 감정까지도 보내기와 비우기의 대상이 될 수 있다. 우리는 자주 필요 이상의 것들을 붙잡고, 그것이 삶의 중심이라고 착각한다. 하지만 진정한 버리기의 목적은 마음속 부담과 불안을 덜어내는 데 있다.

어수선한 환경은 감정과 생각을 얽히게 하지만, 쾌적한 공간은 명확한 사고를 가능하게 한다. 보내고 비우는 적극적 행위가 내면에 억눌려 있던 창의성과 긍정적인 에너지를 끌어내기 때문이다. 다음은 실천을 도와주는 간단한 방법들이다.

첫 번째는 질문하는 것이다. '이것이 내 삶에 어떤 가치를 더하고 있는가?'라는 질문에 답하지 못한다면 그 물건은 필요하지 않을 확률이 높다.

두 번째는 작은 공간부터 정리하는 것이다. 집 전체를 정리하려 하지 말고 책상 위, 서랍 한 칸처럼 작은 공간부터 시작하자. 성취감을 느끼며 범위를 넓혀가면 된다.

세 번째는 기부와 나눔을 실천하는 것이다. 아직 쓸모가 있지만 필요하지 않은 물건들은 필요한 사람들에게 나눠주자. 나눔을 통해 더 큰 가치를 만들 수 있다.

특히 과거의 관계나 실패를 떠올리게 하는 물건을 정리하면 새로운 시작을 위한 심리적 여유를 얻을 수 있다. 이미 낡아 필요 없어진 정보로 가득한 폴더를 정리하듯, 삶에서 불필요한 것을 내려놓자. 홀가분한 마음으로 삶의 공간을 마음껏 누리자.

작은 정리 습관이
가져온 변화

3분의 기적

인터넷 쇼핑몰을 창업한 후 15년 동안 회사를 키워온 기정 씨의 책상은 놀랍도록 깨끗했다. 책상 위에는 꼭 필요한 물건만 있었고, 서류들도 반듯하게 제자리에 꽂혀 있었다.

   기정 씨와의 인연은 10여 년 전으로 거슬러 올라간다. 이번이 세 번째 의뢰였다. 그는 사무실을 옮기거나 다른 집으로 이사할 때마다 "대표님의 도움이 필요해요"라며 연락을 해왔다. 그는 정리에 대해 자신만의 생각과 철학이 있다. 처음엔 정리가 필요해서 내게 컨설팅을 의뢰했지만, 몇 년에 걸쳐 정리해가는 동안 본인도 정리 고수가 되었다고 할 만큼 소소한 부분까지 잘 유지했다. 그럼에도 3, 4년마다 의뢰하는 이유는 한층 '업그레이드'된 정리가 필요하다고 느끼기 때문이었다.

기정 씨와 이야기를 나누다 보면 여러 번 감탄하게 된다. 일 잘하는 사람은 생각도 행동도 역시 다르다는 것을 실감한다. 말에 군더더기가 없고, 상대에게 맞춰주느라 과도한 동작을 하지도 않는다. 상대의 눈을 유심히 바라보며 경청하다가도 궁금한 점이 생기면 정확하게 질문하고, 이해되면 바로 수용한다.

한번은 기정 씨가 식사에 초대해서 같이 저녁을 먹었다. 식사가 끝난 후 자리에서 일어나는데, 그가 자신이 앉았던 의자를 안으로 밀어 넣었다. 나는 기정 씨가 앉았던 자리를 언뜻 보았다. 수저와 젓가락이 한 방향으로 가지런히 놓여 있었다. 냅킨은 곱게 접혀 있었다. 음식을 먹은 흔적만 남아 있을 뿐, 일어난 자리가 어찌나 정갈했는지 기분이 상쾌했다.

정리가 몸에 밴 사람은 앉았다 일어난 자리만 봐도 티가 난다. 차를 마시려고 옮긴 자리에서 기정 씨와 대화를 나누었다.

"평소 정리하시는 습관이 몸에 밴 것 같아요."

"하하하, 대표님 눈에는 그게 다 보이나요?"

그는 정리를 거창하게 생각하지 않았다. 규칙도 아주 단순했다. 그저 앉았다 일어날 때 흔적을 많이 남기지 않는 것이라고 했다. 그러고 보면 정리를 잘 못하는 사람들은 동선을 뚜렷하게 남긴다. 집에 돌아와서 현관부터 방에 들어가기까지 어디를 거쳤는지 추측이 가능할 정도다. 반면 정리 습관이 있는 사람은 흔적을 잘 남기지 않는다.

"어떻게 이런 정리 습관을 갖게 되었어요?"

"저도 처음부터 이랬던 건 아니에요. 어질러놓을 만큼 어질러놓다가 대대적으로 청소하고 정리하는 걸 좋아했어요. 그런데 어느 순간부터 시간이 좀 아깝더라고요. 평소 3분만 신경 쓰면 될 일을 안 해서 하루 종일, 어떨 때는 며칠씩 정리에 매달리다니! 그래서 무슨 일을 하든 딱 3분만 정리하자고 생각했죠. 컵라면도 3분은 기다리는데 그 정도는 할 수 있잖아요."

3분의 힘은 엄청났다. 퇴근 전 책상 정리 3분, 귀가 후 현관 정리 3분, 식사 후 식탁 정리 3분, 샤워 후 욕실 정리 3분 등 모래 같은 3분이 모여 태산 같은 정리 습관이 되었다. 어떤 일은 3분도 걸리지 않았지만, 어떤 일은 5분 넘게 걸리기도 했다. 그러나 습관이 된 후에는 행동이 더 빨라져서 3분을 넘기는 일이 거의 없었다. 현관 정리는 30초 만에 끝났다.

"3분 정리 습관이 생기고 일의 능률도 높아졌어요. 샘플이 많이 와도 미루지 않고 바로 보고 라벨을 붙여두죠. 재고 정리는 말할 것도 없고요. 덕분에 매출도 크게 늘었고요. 가장 좋은 건 스트레스가 진짜 많이 줄었다는 거예요. 삶을 리셋한 것 같다니까요."

기정 씨는 "리셋"이라는 말에 힘을 주며 크게 웃었다. 그의 말대로 정리에는 삶을 리셋하는 힘이 있다. 단지 3분의 시간만으로도 말이다. 많은 사람이 정리를 거창한 대청소로 생각하며 시작을 미루기도 한다. 그러나 정리는 작은 습관을 통해 꾸준히 이어가는 과정에서 진정한 효과를 발휘한다.

작은 변화는 점진적으로 우리 삶에 영향을 미친다. 가장 좋은 점은 부담을 줄인다는 것이다. 한 번에 모든 것을 정리하려 하며 부담을 느끼는 대신, 3분이라는 제한된 시간 안에서 할 수 있는 작은 목표를 설정하면 스트레스가 줄어든다. 또한 작은 습관은 실천 가능성을 높인다. 딱 3분만 투자해도 눈에 결과가 보이고, 지속적인 동기부여가 된다. 작은 습관을 실천하면 습관의 연속성이 만들어진다. 매일 반복하면 자동화된 습관이 되어 의식적인 노력이 필요하지 않게 된다. 3분 정리 습관을 실천하는 방법은 다음과 같다. 여러분도 꼭 해보시기를 권한다.

첫째, 매일 같은 시간에 정리한다. 아침 일과를 시작하기 전이든 저녁 시간을 마무리할 때든, 정해진 시간에 짧은 정리를 실천하면 더 쉽게 습관으로 자리 잡는다.

둘째, 작은 영역부터 시작한다. 집 전체를 정리하려는

목표를 세우기보다는 책상 위, 옷장 한 칸, 주방 서랍 하나처럼 작은 공간부터 정리하자. 작은 공간에서 성취감을 느끼면 다음 영역으로 자연스럽게 확장된다.

셋째, 타이머를 활용한다. 정리를 시작하기 전 타이머를 3분으로 설정한다. 제한된 시간은 집중력을 높여주고, 짧은 시간 안에 끝내도록 도와준다.

넷째, 정리한 후 자신에게 작은 보상을 해준다. 3분 동안 정리한 후 좋아하는 차를 마시거나 책을 읽는 시간을 가지며 성취감을 느낀다.

3분 정리 습관은 공간은 물론 마음가짐과 생활 태도에도 긍정적인 영향을 미친다. 시각적 스트레스는 줄어들고, 마음의 여유가 많아진다. 게다가 매일 작은 목표를 달성하는 경험은 자신감을 높이고, 더 큰 목표에 도전할 동기를 키운다.

정리를 지속하는 환경 만드는 법

정리는 한 번의 노력으로 끝나는 일이 아니다. 대청소나 큰 정리를 한 후에 다시 어지러운 상태로 돌아가는 경우도 흔하다. 정리를 지속할 수 있는 환경을 만드는 방법을 배우지 못했기 때문이다. 지속 가능한 정리 환경을 어떻게 만들 수 있을까? 사실 어렵지 않다. 아주 작은 습관과 체계적인 시스템을 갖추면 된다.

가장 중요한 것은 물건이 제자리를 찾도록 하는 것이다. 정리가 지속되려면 물건이 항상 돌아갈 주소지를 가져야 한다. 모든 물건에 제자리를 정해주고, 사용 후 그 자리에 놓는 습관을 들이는 것이 핵심이다. 그러기 위해 '카테고리별로 분류'하면 도움이 된다. 같은 종류의 물건끼리 묶어두면 필요한 것을 더 쉽게 찾을 수 있다. 자주 사용하는 물건은 손이 닿기 쉽고 눈에 보이는 곳에 둔다. 상자나 서랍에 라벨을 붙여 내용을 쉽게 알아볼 수 있도록 한다.

두 번째는 물건의 양을 관리하는 것이다. 정리가 지속되지 않는 이유는 물건의 양이 많아서다. 수를 줄이고, 필요 없는 물건이 들어오지 않도록 관리하면 유지하기가 훨씬 쉬워진다. 이때는 '원 싱 원 아웃one thing one out 법칙'을 적용해보자. 새로운 물건이 하나 들어오면 기존에 있던 물건 하나를 반드시 내보낸다. 일정한 주기에 따라 물건을 점검하고, 사용하지 않는 물건을 정리한다. 쇼핑 전에는 '이것이 정말 필요한가?'라는 질문을 통해 충동구매를 줄인다.

세 번째는 똑똑한 정리 시스템을 만드는 것이다. 정리 시스템이 체계적이어야 정리가 지속된다. 정리 시스템은 자신의 생활 패턴에 맞게 설계해야 유지하기가 쉽다. 하루 중 짧은 시간을 정해서 물건을 제자리에 돌려놓자. 매주 일정한 시간을 정리 시간으로 정하여 정리 상태를 점검한다. 집 안 전체의 정리 시스템을 가족과 공유하고, 모두가 참여하는 것을 원칙으로 삼는다.

네 번째는 정리 습관을 자연스럽게 만드는 것이다. 정리는 일상에서 자연스럽게 실천해야 지속할 수 있다. 정리 습관이 일상의 일부가 되면 의식적 노력 없이도 정리 상태가 유지된다.

다섯 번째는 정리의 목적을 지속해서 점검하는 것이다. 정리하는 습관을 키우려면 '나에게 왜 정리가 필요한가' 하는 목적을 잊지 않아야 한다. 정리의 목적을 되새기면 동기를 유지하고 계속 실천하는 데 큰 도움이 된다. 정리 후의 변화를 기록하는 것도 추천한다. 긍정적인 변화를 기록하면 정리가 삶의 질을 높이는 중요한 행위라는 것을 자연스럽게 알게 될 것이다.

한 번의 대청소보다 꾸준함이 중요하다

정리에 관해 생각하면 가장 먼저 대청소를 떠올리는 분이 많다. 온종일 시간을 들여 공간을 깨끗이 치우고, 어지럽혀진 물건들을 한꺼번에 정돈하면 몸도 마음도 개운해진다. 하지만 어쩌다 가끔 하는 대청소의 효과는 일시적일 가능성이 크다. 대청소 직후 깔끔한 상태를 유지하려고 해도, 시간이 지날수록 다시 어지러운 환경으로 돌아가고 만다. 왜 그럴까?

 정리 시스템이 없기 때문이다. 대청소는 단지 물건을 치우는 행위에 그치며, 물건을 유지하거나 관리하는 체계가 없으면 다시 어지럽혀진다. 이로 인한 정신적 부담도 만만치 않다. 쉽게 피로감을 느끼고, 정리에 대한 지속적인 동기부여도 어렵다. 어쩌다 한 번씩 하는 대청소로는 정리하는 습관을 만들 수 없다. 매일 조금씩 정리하는 꾸준함이야말로 변화를 만들어낸다.

 꾸준하게 정리하는 습관을 들이려면 어떤 방법이 좋을까? 첫 번째, 정리를 시작하기 전에 '왜'를 적는다. 정리는 생각이나 의지만으로 되지 않는다. 감정이 움직여야 몸도 따라온다. '지금 내가 왜 이 공간을 정리하는지'를 적어보자. "답답해서", "스스로를 위해", "새로운 시작을 위해"처럼 감정을 정확히 붙잡아 말로 꺼내는 것이다. 이렇게 '정리의 이유'를 시각화하면 작심삼일이 줄어든다.

 두 번째, '나만의 정리 언어'를 만든다. 정리해야 할 때 "귀찮아" 대신 "정돈하면 내 기분이 달라져"라고 말해보자. 언어는 행동을 결정짓는 습관의 뿌리다. 부담감을 줄이는 나만의 긍정 언어를 만들어 습관처럼 쓰면 정리에 대한 인식이 달라진다. "청소해야 한다"라는 압박 대신 "새로운 공기를 맞이한다"라고 말해보자.

 세 번째, 나를 위한 '정리 동기부여 도구'를 설정한다. 누군가는 좋아하는 음악을 틀면 손이 먼저 움직이고, 또 누군가는 타이머 앱으로 게임하듯 정리한다. 시각적 변화를 좋아한다면 비포-애프터before-after 사진을 찍는 것도 좋다. 내게 맞는 자극이 무엇인지 파악해 정리할 때마다 함께하는 것이다. 정리를 '나를 기분 좋게 만드는 장치'로 만들면 꾸준해진다.

네 번째, '기록'으로 이어 붙인다. 오늘 정리한 공간, 걸린 시간, 느낀 점을 간단히 메모해보자. "오늘 책상을 정리했더니 생각이 정리됐다"처럼 짧게라도 기록하면 다음 정리를 위한 다리가 된다. 우리에게는 자신이 쌓아온 것을 놓치고 싶어 하지 않는 심리가 있다. 이 흐름을 기억에 남기면 다시 시작하기가 훨씬 쉬워진다.

정리는 대청소로 완성되지 않는다. 한 번의 이벤트로 끝나는 것도 아니다. 정리는 지속 가능한 시스템을 구축하는 일이다. 정리를 지속하는 환경을 만드는 것은 삶의 방식을 재구성하는 과정이기도 하다. 물건의 자리를 정하고, 재고를 관리하며, 체계적인 시스템을 갖추고, 습관을 들이면 쾌적한 환경을 유지할 수 있다. 정리 시스템을 구축하는 시간 속에서 삶이 더 가볍고 명료해질 것이다.

시간을
내 편으로 만들어라

현관만 봐도 알 수 있는 것

아침 7시 30분, 채영 씨는 여유로운 표정으로 출근 준비를 마친다. 마지막으로 거울을 확인한 후, 현관문에 달아둔 고리에서 자동차 열쇠를 꺼낸다. 구두는 가지런히 정리되어 있고, 외출에 필요한 가방과 우산도 제자리에 있다. 현관문을 열고 집을 나서는 데 걸린 시간은 고작 10초.

반면 같은 시각 승우 씨는 아침부터 작은 전쟁을 벌이고 있다. 정장에 맞춰 신고 나가야 하는 구두를 찾느라 신발장을 열어보지만, 제멋대로 쌓여 있는 운동화만 보인다. 간신히 구두를 찾아 신고 나서려다 이번에는 자동차 열쇠가 어디 있는지 몰라 거실을 다시 뒤지기 시작한다. 현관

앞에서 10분을 더 허비한 후에야 뛰쳐나가지만, 중요한 서류를 두고 나왔다는 것을 깨닫고 집으로 돌아온다. 중요한 회의가 있는데 이대로라면 지각이 틀림없다. 역시나 회의에 늦어 상사에게 된통 깨진 후 그는 속으로 다짐한다.

'내일은 좀 더 일찍 일어나자….'

하지만 승우 씨의 문제가 단순히 일찍 일어나지 못하는 것일까? 나는 10분 일찍 일어나기보다 10분만 시간을 들여 현관을 정리하라고 그에게 부탁하고 싶다. 현관만 봐도 그 집이 어떤 상태인지 파악할 수 있는 경우가 많다. 현관은 단순히 집을 나서고 들어오는 공간이 아니다. 하루를 시작하고 마무리하는 첫 번째이자 마지막 장소다. 현관이 잘 정리된 집은 아침 출근길이 매끄럽고 퇴근 후에도 여유롭다. 반대로 현관이 어수선한 집은 아침부터 불필요한 시간 낭비가 쌓이면서 하루의 흐름이 꼬이기 쉽다. 승우 씨는 매일 '시간이 부족하다'라고 생각하지만, 사실 시간보다 부족한 것은 정리 시스템이다.

채영 씨는 10년 가까이 직장에서 승진을 거듭했다. 본인은 운이 좋았다고 했지만, 과연 운이 전부였을까? 출근길이 여유로운 사람들은 현관 정리를 습관화해서 불필요한 결정을 최소화하는 경우가 많다. 채영 씨가 매일 아침 여유롭게 출근할 수 있는 이유는 간단했다. 퇴근 후 현관을 정리하는 습관이 있었다. 자동차 열쇠와 가방을 항상 같은 위치에 두었고, 신발도 가지런히 정리했다. 그러니 아침에 "어디 뒀지?" 하며 찾을 필요가 없었다. 신발을 찾고 가방을 뒤지는 데 허비하는 몇 분이 쌓이면 결국 하루의 집중력과 업무 효율까지 영향을 받는다. 현관을 정리한 사람은 아침을 차분하게 시작하고, 그 여유는 하루 종일 유지된다.

퇴근 후 집에 돌아왔을 때 현관이 정리되어 있으면 그날의 피로도 훨씬 빠르게 해소된다. 반면 문을 열자마자 어질러진 신발과 재활용 봉투가 널려 있는 모습을 보면 더 피곤해지지 않던가. 깔끔하게 정리된 현관을 보고 기분이 나빠질 사람은 없을 것이다. 신발을 정리하는 행동 하나가 퇴근 후 삶의 질을 좌우할 수도 있다.

현관을 정리하는 습관을 들이면 자연스럽게 시간 관리 능력도 향상한다. 정리를 통해 계획적인 사고가 형성되고, 미리 준비하는 습관이 생기기 때문이다. 또한 정돈된 공간을 유지하려는 태도는 업무 공간과 일정을 관리하는 데도 영향을 미친다.

결국 시간 관리를 잘하는 사람들은 정리를 잘하는 사람이다. 그 시작은 집을 드나드는 현관에서 시작된다. 아침을 더 여유롭게 보내고 싶다면 현관부터 정리하자.

어지러운 공간은 시간을 훔친다

만약 집에 도둑이 들어서 소중한 물건이 사라졌다면 어떤 마음이 들까? 당황과 두려움, 분노가 밀려올 것이고, 잃어버린 물건을 되찾을 수 없다는 사실에 깊이 허탈해질 것이다. 하지만 또 다른 도둑이 우리의 소중한 것을 매일 훔치고 있다는 사실을 알고 있는가? 바로 시간이다. 승우 씨의 사례가 보여주는 것처럼, 어지러운 공간은 보이지 않는 도둑처럼 시간을 빼앗으며, 집중해야 할 순간들을 낭비하게 만든다.

한 연구 결과에 따르면, 사람들은 평균적으로 하루에 10~15분을 물건 찾는 데 사용한다. 1년이면 무려 60시간이다. 어지러운 환경은 의사 결정에도 부정적인 영향을 미친다. 뇌가 어지러운 환경에 자주 노출되면 작은 결정을 할 때조차 많은 에너지를 소모한다고 한다. 피로감을 느껴 집중력이 떨어지기 때문이다.

어지러운 공간을 정리하는 것은 도둑맞고 있는 시간을 되찾는 일이다. 시간은 모든 사람에게 공평하게 주어진 자원이지만, 그 시간을 더 가치 있게 사용하는 선택은 자신에게 달려 있다.

시간을 내 편으로 만드는 정리의 마법

일 잘하는 사람들은 시간 관리를 중요하게 여긴다. 부자들의 집 정리를 하다 보면 그들이 시간을 어떻게 쓰고 생각하는지가 고스란히 드러난다. 그들은 물건이 필요해지면 마음에 드는 것을 선택해서 오래 쓰는 경우가 많다. 무엇을 더 살까, 어떤 물건으로 채울까 하며 고민하는 일은 없어 보였다. 한번 사면 오래 쓸 물건들을 선택하니 쇼핑과 정리에 드는 시간이 압도적으로 적다. 무엇이 어디에 있는지 한눈에 알아볼 수 있었다. 여백이 있는 공간에서 할 일에 집중하고 충분히 휴식을 취하는 모습이 마치 '시간은 내 편이야'라고 생각하는 것 같았다.

실제로 잘 정리된 공간은 생산성을 비약적으로 높이는 놀라운 힘이 있다. 깔끔한 공간은 우리의 집중력과 창의력을 놀랄 정도로 높인다. 시간을 내 편으로 만드는 정리의 마법은 무엇일까?

첫 번째는 작업 공간을 최적화하는 것이다. 책상 위에는 필요한 물건만 두자. 자주 사용하는 도구나 자료는 손이 닿는 곳에 두고, 나머지는 수납공간에 넣는다. 어지러운 공간에 있으면 무엇부터 시작해야 할지 혼란스러워진다. 반면 정리된 공간은 일의 순서를 쉽게 파악하게 해준다.

두 번째는 일의 흐름을 방해하지 않도록 물건을 배치하는 것이다. 필요한 도구와 자료를 사용 순서대로 놓으면,

불필요한 움직임을 줄이고 작업의 연속성을 유지할 수 있다. 한 번에 여러 가지를 처리하려 하기보다는 하나의 작업에 집중하자.

세 번째는 정리 루틴을 만드는 것이다. 하루의 시작과 끝에 짧게 정리하는 시간을 가진다. 아침에는 하루의 작업을 준비하고, 저녁에는 사용한 물건을 정리하여 내일의 일정을 준비한다. 이런 루틴은 매 순간 내리는 작은 결정들에 소모되는 에너지를 줄여준다. 필요한 물건을 미리 책상 위에 올려두면 바쁜 아침에 허둥대는 일도 없을 것이다.

정리는 삶을
재구성하는 과정이다

정리는 과거를 마주하는 일이다

우리의 삶은 과거의 조각들로 이루어져 있다. 책장에 꽂힌 낡은 책, 서랍 속에 잠들어 있는 오래된 사진, 더 이상 맞지 않는 옷 한 벌까지 모든 물건은 과거를 품고 있다. 정리는 그 조각들을 다시 들여다보고, 삶의 이야기를 재구성하는 과정이다.

정리를 시작한다는 것은 오래된 창고를 열어 과거를 다시 마주하는 것과 같다. 소중한 추억이 담긴 물건도 있지만, 더 이상 의미를 갖지 않는 짐들도 있다. 물건들은 과거의 감정, 기억 그리고 경험을 다시 떠올리게 하지만, 결국엔 선택해야 한다.

오래전 학창 시절에 쓰던 노트를 발견한 적이 있다. 노트에는 열정과 고민, 그 시절의 꿈이 고스란히 적혀 있었다. 까맣게 잊고 있던 타임캡슐을 발견한 기분이었다.

정리하면서 추억과 짐을 구분하게 되었다는 이야기를 다른 사람에게 자주 듣는다. 오래된 사진을 보며 미소를 짓는 순간 가슴속 추억을 떠올리기도 하지만, 사진첩에서 먼지만 쌓인 사진은 정리의 대상이다. 어떤 것을 남기고 어떤 것을 떠나보낼지는 자신이 가장 정확하게 알고 있다.

정리는 나의 삶을 다시 읽는 독서와 같다. 삶의 한 페이지를 마무리하고 새로운 페이지를 준비할 수 있기 때문이다. 정리는 과거와의 단절이 아니다. 과거로부터 배우고 성장하기 위한 다리이다. 그 다리를 건너, 삶의 다음 이야기를 준비해보자.

정리는 현재를 재정비하는 힘이다

우리는 현재라는 무대에서 살아간다. 배우들이 무대 위에서 생생한 이야기를 펼치듯, 현재는 우리가 살아가는 가장 중요한 순간이다. 정리는 오늘의 선택과 집중을 더욱 효과적으로 만들어준다. 아침에 일어나 침구를 정리하는 것만으로도 하루를 능동적으로 시작할 수 있다. 하루의 리듬을 만드는 기본 도구가 되는 것이다.

서랍 하나를 정리하거나 책상을 정돈하는 것은 쉽게 할 수 있는 작은 행동이지만, 꾸준히 하면 연쇄적으로 긍정적인 변화를 이끈다. 책상을 정리하면 업무가 더 수월해지고, 주방을 정돈하면 요리가 더 즐거워진다. 정리를 통해 오늘의 자신을 다시 만나보자. 현재라는 가장 소중한 순간을 더 충만하게 만드는 법을 알 수 있을 것이다.

정리는 미래의 나를 새롭게 쓰는 일이다

나는 정리를 글쓰기에 비유하곤 한다. 머릿속에 많은 아이디어가 떠오르더라도, 그것들이 무질서하게 흩어져 있으면 좋은 문장이 되지 않는다. 쓰다 만 내용, 틀린 문장, 군더더기 수식이 빼곡한 원고지를 마주할 때마다 고치고, 지우고, 다시 쓴다. 그렇게 해야 비로소 의미 있는 문장이 된다. 우리 삶도 마찬가지다. 불필요한 것을 덜어내고 꼭 필요한 것만 남길 때 더 나은 방향으로 갈 수 있다.

정리하는 사람은 미래를 준비하는 사람이다. 자신이 어떻게 살고 싶은지 끊임없이 묻고, 그에 맞지 않는 것은 과감하게 비운다. 정리는 누구도 대신 써줄 수 없는 내 삶의 '서사'를 직접 써 내려가는 일이다.

우리는 "정리를 할 시간이 없다"라고 말하지만, 사실은 삶을 설계할 시간을 미루고 있는 게 아닐까. 눈앞의 혼란을 익숙함으로 받아들이면 변화할 기회를 잃고 만다. 정리는 과거의 흔적을 지우는 일이 아니라, 앞으로 쓸 인생의 프롤로그를 시작하는 일이다. 책상을 정리하고, 서랍을 정리하고, 마음을 정리하자. 한 줄 한 줄, 삶의 이야기를 조금씩 써보자. 지금 앞에 놓인 물건 하나를 비우는 것이, 내 삶의 문장을 새롭게 시작하는 일이라는 사실을 기억하자.

3장

삶의 균형을 위한
5단계 정리 원칙

Keep It   Leave It   Cherish It

"우리에게는 보다 '똑똑한 정리 시스템'이 필요하다.
물건은 공간을 차지하는 애물단지가 아니라
삶을 풍요롭게 만드는 도구여야 한다.
똑똑한 정리 시스템은 물건과 공간의 관계를 재정립하고,
필요한 것에 집중하며 불필요한 혼란을 없애는 과정을 만들어준다.
더 적게 소유하면서 더 많은 자유와 만족을 느낄 수 있다면,
우리가 머무는 공간은 진정한 삶의 무대가 될 것이다."

똑똑한 정리 0단계:
정리가 무엇인지 이해하기

정리는 청소가 아니다

"자, 지금부터 정리하자!"

이 말을 들으면 무엇이 생각나는가? 청소를 떠올리는 사람도 있고, 물건 수납을 떠올리는 사람도 있고, 무언가를 갖다 버려야 한다고 생각하는 사람도 있을 것이다. 각각의 생각은 정리에 대한 나름의 개념을 포함하고 있다.

정리와 청소, 수납, 버리기를 같다고 생각하기도 하지만 그것은 정리의 일부일 뿐 정리는 아니다. 정리는 그보다 훨씬 더 크다.

많은 사람이 정리와 청소가 같다고 생각한다. 공간을 다룬다는 점에서 비슷하기 때문일 것이다. 실제로 정리와 청소는 물리적 환경을 변화시키고, 공간을 더 나아 보이게 만든다는 공통점이 있다. 그러나 둘의 목적과 과정은 본질적으로 다르다. 정리와 청소를 혼동하면 표면적 변화에만 머물고, 공간과 삶의 근본적인 문제를 해결하지 못할 수 있다.

청소는 겉으로 드러나는 변화가 드라마틱하다. 먼지와 잡동사니가 가득한 방을 청소하면 모두 깨끗하고 깔끔해 보인다. 이런 이유로 청소를 곧 정리라고 생각할 것이다. 또한 청소와 정리를 함께 하기에 청소가 곧 정리라고 자연스럽게 인식하는 측면도 있다.

청소와 정리에는 분명 공통점이 있다. 첫 번째는 공간을 변화시킨다는 점이다. 둘 다 물리적 공간을 더 나아 보이게 하고, 환경을 개선한다. 두 번째는 심리적 안정감을 준다는 점이다. 어지럽고 지저분한 공간이 깔끔해지면 시각적 혼란이 줄어들어 심리적 안정감이 생긴다. 마지막으로 삶의 만족도를 높이는 효과가 있다. 결과적으로 우리의 일상에 긍정적인 영향을 미치며, 생활환경을 개선한다.

이렇게 보면 '청소가 곧 정리잖아요'라고 생각할 법도 하다. 그러나 두 행위에는 분명한 차이가 있다. 우선 목적이 다르다. 청소의 목적은 먼지와 오염을 제거하여 공간을 깨끗하게 만드는 것이다. 위생과 미관에 초점을 맞춘다. 반면 정리의 목적은 물건의 위치와 용도를 다시 평가하고,

필요한 것만 남겨 공간과 물건의 효율성을 높이는 것이다.

과정도 다르다. 청소는 닦고, 쓸고, 물리적으로 오염을 제거하는 행동으로 이루어지지만, 정리는 물건을 분류하고, 필요성과 중요도를 판단하며, 물건을 체계적으로 배치하는 과정을 포함한다.

목적과 과정의 차이는 결과의 차이로 이어진다. 청소를 하면 공간이 깔끔하고 위생적으로 변한다. 정리를 하면 공간이 깔끔해질 뿐 아니라, 물건 사용과 관리가 편해지고 삶의 흐름이 단순화된다.

정리는 청소가 아니라 삶을 재구성하는 도구다. 삶의 본질을 다루는 과정이기 때문이다. 예를 들어 청소는 책상 위의 먼지와 얼룩을 닦는 것에 집중한다. 하지만 정리는 책상 위의 물건 중 무엇이 필요한지 판단하고, 불필요한 것을 치우며, 남은 물건을 체계적으로 배치하는 과정까지를 말한다. 단순히 겉모습을 깨끗하게 하는 것을 넘어, 삶의 우선순위를 재정비하고 에너지 낭비를 줄이는 도구가 되는 것이다.

청소가 곧 정리라고 생각했다면 시선을 조금 더 넓혀보면 어떨까? 단순히 먼지를 닦아내는 것을 넘어, 정리를 통해 삶의 구조를 다시 정비해보자.

정리는 수납이 아니다

정리와 혼동하는 두 번째 행위는 수납이다. 많은 물건을 보기 좋게 착착 쌓거나 차곡차곡 넣어두는 것을 정리라고 생각한다. 실제로 '정리'라는 키워드로 포털 사이트에서 검색하면 부엌살림 정리 팁, 옷장 정리하기, 팬트리 수납법 등 수납과 관련한 콘텐츠가 많이 보인다. 그러나 수납이 곧 정리는 아니다.

수납을 정리라고 생각하는 이유는 물건을 넣어두고 보이지 않게 만드는 것을 떠올리기 때문인 듯하다. 정리용 수납함을 사고, 서랍을 구분하는 칸막이를 사용하며, 물건들을 눈에 보이지 않도록 감추는 과정을 '정리'라고 생각하기 쉽다. 하지만 이것은 진정한 정리가 아니다. 단지 물건을 보관하는 방법일 뿐, 삶의 질을 높이고 공간을 효율적으로 활용하는 정리의 본질과는 거리가 있기 때문이다. 수납은 물건을 깔끔히 보이게 할 수는 있지만, 문제를 해결하지는 않는다. 수납공간과 정리함이 많아질수록 더 많은 물건을 채우고 쌓아두게 된다. 수납은 물건을 가리는 데 초점이 맞춰져 있기에, 진짜 필요한 물건과 불필요한 물건을 구별하지 못해 계속 보관하는 습관이 생기기도 한다. 물건이 늘어날수록 한계에 다다르고, 또 다른 수납함을 찾는 악순환이 이어지는 것이다.

정리는 단순히 물건을 보관하는 것이 아니라, 삶에 진정

필요한 것과 불필요한 것을 구별하는 일이다. 이 과정에서 불필요한 물건을 과감히 비우고, 남은 물건들이 제자리에서 빛날 수 있게 한다. 정리는 효율적인 공간 활용뿐만 아니라 심리적 여유와 만족감을 선사한다. 단순히 '넣는 것'이 아니라 '선택하고 비우는 것'이야말로 정리의 핵심이다.

수납의 굴레에서 벗어나 진짜 정리를 하려면 어떻게 해야 할까? 첫째, 물건과의 관계를 점검한다. 정리하고 싶은 물건이 있다면 언제 마지막으로 사용했는지, 정말 필요한지 스스로에게 물어보자. 둘째, 물건의 사용 빈도를 생각한다. 자주 사용하는 물건과 그렇지 않은 물건을 나누고, 덜 쓰는 것은 정리하거나 기부한다. 셋째, 쌓아두기보다 비운다. 공간을 확보하기 위해 더 많은 수납함을 사기보다 물건 자체의 양을 줄이는 데 집중하는 것이다.

물론 수납은 정리를 돕는 유용한 도구이다. 하지만 수납은 정리의 보조 수단일 뿐 그 자체로 목적이 될 수 없다. 불필요한 물건을 정리한 후 남은 물건들을 깔끔히 정돈하는 과정에서 수납은 빛을 발한다. 중요한 것은 '수납'보다 '정리'라는 큰 틀 안에서 생각하는 것이다.

정리는 단순히 공간을 아름답게 만드는 작업이 아니다. 물건이 기능과 가치를 발휘할 자리를 만들어주는 것이다. 물건을 정리할 때 '보관'에 초점을 맞추지 말고, 자신의 삶에 어떤 긍정적인 역할을 하는지 생각해보자.

정리는 버리기가 아니다

집 안에 있는 물건들 앞에서 멍하니 고민에 빠져본 적이 있는가? 대대적인 정리를 결심하고 온종일 물건을 골라내고, 몇 시간 동안 쓰레기봉투를 채워도 정리는커녕 더 혼란스러워져서 당황했던 순간 말이다. 물건을 그렇게나 많이 버렸지만, 여전히 서랍들과 옷장 안은 어수선하다. 쓰지도 않고 팬트리 구석에 묵혀둔 물건부터 행거 뒤에 떨어져 있던 옷에 이르기까지 쉬지 않고 손을 움직이는데, 끝날 기미가 보이지 않는다. 정말이지 "전부 다 버리고 싶어!"라고 소리라도 지르고 싶다. 왜 이런 일이 생기는 걸까? 정리를 곧 '버리는 것'이라고 착각하기 때문이다.

 정리는 물건을 없애는 데서 끝나지 않는다. 나와 물건의 관계를 새롭게 바라보고, 물건을 어떻게 내 공간에 잘 녹여낼지를 고민하는 일이기도 하다. 서랍 속에서 오래된 볼펜을 발견하면 어떻게 하는가? 버리자니 쓸 수 있을 것 같고, 두자니 공간을 차지한다. 이때 중요한 건 그 볼펜이 내게 어떤 의미가 있는지를 생각하는 것이다. 정말 볼펜을 사용할 기회가 있을까? 아니면 '혹시 모르니'라는 막연한 이유로 쌓아둘까?

 또 다른 예로 친구가 선물해준 컵을 떠올려보자. 사용하지는 않지만, 버리자니 마음이 불편할 수도 있다. 그렇다면 이 컵은 기능적인 물건이라기보다는 소중한 추억으로 남겨야 할 물건일 것이다.

정리는 물건을 내 기준으로 재배치하는 작업이다. 물건마다 그 자리에 있어야 할 이유가 있다. 매일 사용하는 물건은 쉽게 꺼낼 수 있는 곳에 두고, 계절마다 쓰는 물건은 적절한 공간에 보관해야 한다. 이렇게 정리한 공간에서는 필요한 물건을 찾는 데 시간이 걸리지 않는다. 불필요한 물건이 차지하던 자리에도 여유가 생긴다.

매일 사용하는 텀블러를 손이 닿기 어려운 높은 선반에 두고 정리했다고 말할 수 있을까? 그건 정리가 아니라 단순히 물건을 치워놓은 것일 뿐이다. 물건을 '버릴까 말까'로 고민하는 것은 정리가 아니다. 정리는 생활에 맞게 물건의 자리를 찾아주는 과정이다.

단순히 공간을 비우는 것을 정리라고 생각하지 말자. 정리는 우리가 살아가는 동안 무엇을 중요하게 생각하는지를 새로 확인하는 시간이기 때문이다. 깔끔해진 공간을 바라보며 단순히 '버리길 잘했다'라고 생각하는 게 아니라, '내가 진짜로 원하는 게 무엇인지 알게 되었다'라는 만족감이 찾아오는 것이 진짜 정리다.

정리는 더 많은 것을, 더 자주 버리는 데 있지 않다. 정리의 목적은 내 삶에 꼭 필요한 것들과 함께 살아가는 공간을 만드는 데 있다. 버리기를 부담스러워할 필요도 없고, 무리하게 물건을 없애야 한다는 압박감을 느끼지 않아도 된다.

 물건의 이야기를 듣고, 그것들을 일상에서 더 잘 활용할 수 있도록 재정비하는 과정에서 우리는 물건뿐만 아니라 자신과도 더 건강한 관계를 맺을 수 있다. '버릴 것'이 아니라 '살릴 것'을 고민하는 관점으로 정리를 바라보자.

똑똑한 정리 1단계: 흩어진 물건을 분류하기

구분하고 모으기: 물건의 지도를 그리는 일

정리에 대한 오해를 풀었다면, 이제 어떻게 정리를 시작하면 좋을지 풀어볼 차례다. 기준도 없고 목적도 없는 정리는 에너지만 소진시킨다. 우리에게는 보다 '똑똑한 정리 시스템'이 필요하다.

물건은 공간을 차지하는 애물단지가 아니라 삶을 풍요롭게 만드는 도구여야 한다. 똑똑한 정리 시스템은 물건과 공간의 관계를 재정립하고, 필요한 것에 집중하며 불필요한 혼란을 없애는 과정을 만든다. 더 적게 소유하면서 더 많은 자유와 만족을 느낄 수 있다면, 우리가 머무는 공간은 진정한 삶의 무대가 될 것이다.

정리를 시작할 때 가장 중요한 첫걸음은 '구분하고 모으기'이다. 이 단계는 단순히 물건을 분류하는 작업이 아니라, 공간에 흩어진 물건들을 파악하고 체계적으로 배열하기 위한 기초 작업이다. 지도를 그리듯, 어떤 물건이 어디에 위치해야 하는지 큰 그림을 그리는 과정인 셈이다. 이 단계가 제대로 이루어지면 이후의 모든 과정이 훨씬 수월해진다.

물건 구분하기: 문제를 시각화하는 첫 단계

'구분'은 물건의 종류와 용도를 명확히 알아보는 일이다. 집 안을 둘러보면 비슷한 용도의 물건들이 여러 장소에 흩어져 있는 경우가 많다. 접시 한두 개는 부엌 서랍에 있고, 몇 개는 식탁 옆 식기장에 있으며, 나머지는 창고에 방치되어 있는 식이다. 이러한 상황에서는 물건이 얼마나 많고, 어떤 상태인지 제대로 파악하기가 어렵다.

우선 물건들을 범주별로 구분한다. 이 과정에서 고려해야 할 질문은 다음과 같다.

"이 물건은 어떤 용도로 사용되는가?"

"물건이 같은 종류임에도 여러 장소에 흩어져 있지는 않은가?"

"잘못된 장소에 있는 물건은 무엇인가?"

예를 들어 문구류를 정리한다고 생각해보자. 펜, 노트,

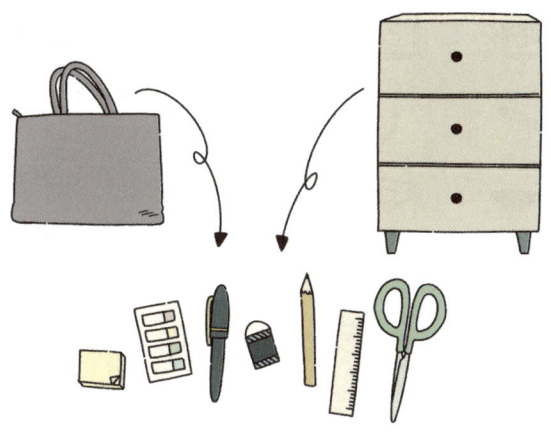

테이프, 가위 등이 책상 서랍, 가방, 거실 테이블 위 등 여러 곳에 흩어져 있다면 한 장소에 끌어모은다. 한눈에 보면 물건의 종류와 상태를 명확히 알 수 있다. 누구라도 '아, 내게 펜이 이렇게 많았구나!'라고 깨달을 것이다.

물건 모으기: 전체를 파악하는 과정

'모으기'는 같은 종류의 물건을 하나의 공간에 가져와 한눈에 보이도록 하는 작업이다. 이 과정은 물건의 수량, 상태, 용도 등을 명확히 파악하는 데 도움을 준다. 모으는 일은 단순한 행위 같지만, 심리적 효과가 굉장히 크다. 흩어져 있을 때는 문제를 인식하기 어렵지만, 모아놓고 보면 현재 상태를 시각적으로 확인하게 되기 때문이다. 실용적인 모으기 방법을 알아보자.

첫째, 한 번에 하나의 카테고리만 다룬다. 문구류, 옷, 주방 도구 등 한 종류만 모으는 것이다. 여러 가지 물건을 한꺼번에 다루면 체력과 집중력이 금세 떨어진다.

둘째, 집 안의 모든 공간을 샅샅이 조사한다. 같은 범주의 물건이 여러 장소에 흩어져 있을 가능성이 크다. 모든 방과 서랍을 확인하며 빠짐없이 찾아낸다.

셋째, 모은 물건을 눈에 잘 보이게 펼친다. 테이블이나 바닥에 펼친 물건을 종류별로 정리하고, 필요에 따라 임시 카테고리를 만들어 배치한다. 자연스레 '이 물건이 왜 여기에 있지?'라는 질문이 나올 것이다. 물건과 공간의 관계를 재정비할 아이디어를 내보자.

물건의 지도 그리기: 큰 그림을 완성하다

구분하고 모았다면 본격적으로 물건의 지도를 그린다. 지도를 그린다는 것은 물건의 분포를 시각적으로 파악하고, 앞으로 물건이 어떤 공간에 자리 잡을지를 계획하는 일이다.

물건의 지도를 어떻게 그리면 좋을까? 첫째, 카테고리별로 분류한다. 모은 물건을 유사한 특성에 따라 나누는 것이다. 예를 들어 주방용품이라면 '조리도구', '그릇', '양념통', '커틀러리' 등 세부 범주로 나눈다.

둘째, 현재 위치와 최적의 위치를 비교한다. 현재 물건이 사용하기 편한 곳에 있는지 생각한 후, 자주 사용하는 물건이 불편한 곳에 있다면 조정한다.

셋째, 꼭 필요한 물건인지 점검한다. 같은 용도의 물건이 너무 많거나, 더 이상 사용하지 않는다면 과감히 정리 대상에 포함한다.

구분하고 모으기는 정리의 첫 단계에서 가장 큰 틀을 잡아주는 과정이다. 이것이 잘 이루어져야 이후 사용자, 목적, 동선 등에 따라 물건을 배치하기가 훨씬 쉬워진다. 물건의 지도를 제대로 그리면 정리 방향이 명확해진다. 무엇을 어디에 두어야 할지 큰 그림이 그려지므로, 막연한 정리로 시간을 낭비하지 않는다. 중복 구매를 방지할 수 있다는 것도 큰 장점이다. 이미 충분히 많다는 것을 알게 되어 불필요한 소비가 줄어든다. 물건의 양을 적절하게 줄이면 효율적인 배치도 가능해진다. 공간과 물건이 조화를 이루도록 배치할 기반이 마련되는 것이다.

'구분하고 모으기'는 물건과 공간의 관계를 시각적으로 확인하고 새롭게 설정하는 과정이다. 한 번에 한 가지 카테고리를 골라 구분하고 모으는 작업부터 시작해보자. 정리가 막연한 일이 아니라, 단계를 밟아가는 체계적인 과정임을 깨닫게 될 것이다.

사용자에 따라: 가족 구성원

정리에서 놓치기 쉬운 원칙 중 하나는 '사용자에 따라 물건을 구분하고 모으는 것'이다. 집은 가족이 함께 사용하는 공간인 만큼, 모든 물건을 똑같은 기준으로 정리하기는 현실적으로 어렵다. 부모, 아이, 배우자 등 각 가족 구성원이 물건을 사용하는 방식과 필요로 하는 공간이 다르기 때문이다. 물건을 사용자 중심으로 구분하고, 이를 기반으로 정리 시스템을 구축하는 것이 좋다.

가족 구성원이 2인 이상이면 사용자를 기준으로 구분한다. 가족 모두가 사용하는 공용 물건이 있고, 특정 구성원만 사용하는 개인 물건이 있을 것이다. 예를 들어 텔레비전 리모컨, 소파, 테이블 등은 공용 물건이고 장난감, 업무 서류, 안경 등은 개인 물건이다. 사용자가 다른 물건을 동일한 기준으로 정리하면 관리하기 어렵고, 불필요한 갈등이 생긴다. 특히 아이 물건이나 배우자 개인 물건을 본인 동의 없이 치우거나 정리하면 오히려 혼란스러워진다. 사용자 중심으로 구분하고 모을 때는 다음과 같은 방법을 추천한다.

가족 구성원별로 물건 구분하기

첫 단계는 '누구의 물건인가'를 파악하는 것이다. 가족 구성원의 물건이 뒤섞여 있다면 개인 물건과 공용 물건을 구분한다. 모두가 함께 사용하는 물건은 집 중앙의 공용 공간에 배치한다. 예를 들어 거실 리모컨은 특정 서랍에 자리를 만들어서 두자. 아이 장난감은 아이 방, 배우자의 서류 등 개인 물건은 각자의 방이나 책상 등 지정된 공

간에 놓는다.

모으는 장소 정하기

구분한 물건들은 한 공간에 모아야 관리가 쉽다. 아이의 미술 도구는 아이 방에 있는 작은 정리함에 모아두고, 부모님의 독서용품(책, 돋보기 등)은 거실 책장이나 안락의자 근처에 두고, 배우자의 전자 기기 충전기나 케이블은 개인 서랍에 놓는 식이다. 이처럼 사용자 중심으로 물건을 구분하고, 각자의 공간에 맞춰 배치하면 물건 찾기가 쉬워지고, 생활 동선도 효율적으로 바뀐다.

각자의 사용 패턴 이해하기

가족 구성원의 물건 사용 패턴을 관찰해보자. 자주 쓰는 물건은 손에 닿는 곳에 두고, 가끔 사용하는 물건은 보

관하기 쉬운 장소에 둔다. 아이가 매일 사용하는 학용품은 책상 위에 정리하고, 일주일에 한 번쯤 사용하는 퍼즐이나 보드게임은 장난감 정리함 아래 칸에 보관한다. 부모님이 매일 드시는 약은 침대 옆 테이블에, 계절별로 사용하는 건강 기구(찜질 팩, 혈압계)는 서랍에 보관한다.

이름표와 라벨링 활용하기

가족 구성원별로 물건을 정리할 때 이름표나 라벨을 활용하면 물건이 누구 것이며, 어디에 두어야 하는지를 명확히 알 수 있다. 장난감 바구니에 아이 이름을 적거나, 서재 서랍에 'OOO의 업무 물품'이라고 라벨링하는 것도 좋다.

공용 물건은 누구나 접근하기 쉬운 곳에 두기

가족 모두가 사용하는 물건은 쉽게 접근할 수 있는 위

치에 놓아둔다. 응급약 상자는 거실이나 주방의 공용 서랍에, 배터리나 테이프 같은 공구는 거실 수납장에 두는 것이다.

아이와 함께 정리하기

아이의 물건은 부모만 정리하기보다 아이와 함께 구분하고 모으는 것이 효과적이다. "이건 어디에 두면 좋을까?"라고 대화를 나누면서 정리하면 아이도 물건의 위치를 기억하고 스스로 정리하는 습관을 기를 수 있다.

사용자에 따라 물건을 구분하고 모으면 여러 가지 장점이 있다. 첫째, 물건 찾는 시간이 확 줄어든다. 자신의 물건이 어디 있는지 명확히 알기 때문에 찾는 데 시간을 허비하지 않는다. 둘째, 공간 사용이 효율적으로 바뀐다. 개인 물건과 공용 물건이 섞이지 않아 각자의 공간이 깔끔하게 유지된다. 셋째, 갈등이 줄어든다. 개인 물건을 잘못 건드리거나 분실하는 일이 줄어들어 불필요한 마찰이 사라진다. 넷째, 책임감이 생긴다. 물건을 정리할 때부터 각자의 물건에 대한 책임감을 부여하면, 사용 후에도 스스로 정리하는 습관을 만들 수 있다.

사용자 중심으로 물건을 구분하고 모으는 것은 생활 방식을 반영한 체계적인 정리 시스템을 만드는 과정이다. 오늘부터 가족 구성원의 물건을 하나씩 구분하고, 각자에게 가장 잘 맞는 공간에 놓아주자. 집 안의 질서뿐만 아니라 가족 간의 소통과 이해도 한층 깊어질 것이다.

목적에 따라: 같은 물건끼리 모으기

분류의 핵심은 비슷한 물건끼리 모으는 것이다. 특히 모든 정리 방법의 기초가 되는 중요한 원칙은 목적에 따라 분류하는 것이다. 목적에 따른 분류 방법과 이를 더욱 효과적으로 적용할 수 있는 방법을 소개한다.

사용 목적에 따라 분류하기

사용 목적에 따라 분류하면 특정 작업에 필요한 물건을 빠르게 찾을 수 있다. 문구류, 전자 기기 같은 업무용 물건은 작업 공간에 집중적으로 배치하여 생산성을 높인다. DIY 도구나 예술 재료 등 개인 취미용품은 별도 공간을 만들어 취미 생활에 몰입할 수 있게 한다.

물건 종류에 따라 분류하기

종류별로 분류하면 한 번의 정리로 오랫동안 깔끔함을 유지할 수 있다. 예를 들어 옷은 계절(봄/여름, 가을/겨울)과 종류(상의, 하의, 외투)로 세분화하여 정리하고, 책은 주제(문학, 자기 계발, 학술), 장르(로맨스, 미스터리)별로 나누고, 자주 읽는 책은 가까운 서가에 배치한다.

공간에 따라 분류하기

주로 사용하는 공간에 따라 분류하면 간편하다. 주방의 경우 조리도구를 종류별로 나누어 보관하고, 식기는 크기와 용도(접시, 그릇 등)로 정리한다. 욕실의 경우 샴푸와 비누 등의 세면용품은 샤워 공간에, 솔이나 세제 같은 청

소용품은 별도 공간에 분리 보관한다.

사용 환경에 따라 분류하기

장소나 환경을 기준으로 분류하면 실용성을 극대화할 수 있다. 우산, 레인코트, 신발 커버 등 실외에서 쓰는 물건은 현관 근처에 배치하여 필요할 때 바로 사용할 수 있도록 한다. 슬리퍼, 담요 등 실내에서 주로 쓰는 물건은 거실이나 침실 근처에 둔다. 이어폰, 텀블러 등 계절이나 날씨 변화와 상관없이 실외나 실내에서 자주 쓰는 물건은 고정된 위치에 보관하는 것이 좋다.

비상 상황 대비에 따라 분류하기

비상시에 사용할 물건은 바로 꺼낼 수 있는 곳에 둔다. 약품이나 응급처치 도구는 구급상자에 넣어 화장실 또는 주방 근처에 배치한다. 이후 주기적으로 점검하고, 유효기간이 지난 약이나 음식을 교체한다. 손전등, 배터리, 비상식량은 접근하기 쉬운 곳에 모아서 보관한다. 한눈에 물품을 확인할 수 있도록 투명 박스를 사용하는 것도 효과적이다.

감정적 가치에 따라 분류하기

물건의 용도 외에도 감정적 가치를 기준으로 분류하면 물건의 소중함을 지킬 수 있다. 기념품처럼 특별한 추억이

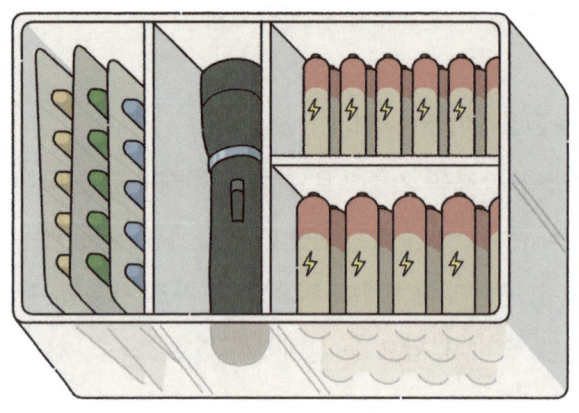

담긴 물건은 전용 공간에 보관하여 훼손을 방지한다. 선물은 장식장에 배치하거나, 가치에 따라 따로 정리한다. 감정적 가치가 있는 물건은 쉽게 찾을 수 있도록 라벨링하거나, 별도로 구분된 공간에 모아 보관한다.

 목적에 맞게 분류해서 정리의 효과를 극대화하려면 적절한 도구를 활용하는 것도 중요하다. 서랍 정리함, 라벨, 투명 박스 등을 사용하여 물건을 체계적으로 정리한다. 중요한 것은 쌓아두지 않고 적절한 양을 유지한다. 사용하지 않는 물건은 기부하거나 처분하여 불필요한 물건으로 인해 공간이 비좁아지지 않도록 관리하자.
 사용 목적에 따라 체계적으로 분류하는 방법은 단순한 정리 이상의 효과를 제공하며, 공간 활용도를 높이고, 생활 속에서 스트레스를 줄이는 데도 큰 도움이 된다.

빈도에 따라: 일상용, 계절용, 특별한 물건

물건의 사용 빈도를 이해하면 우선순위를 정해 적재적소에 배치할 수 있다. 중요한 것은 사용 빈도에 따라 접근성과 보관 위치를 다르게 설정하는 것이다. 우선 집의 공간을 파악한 후 물건을 얼마나 자주 쓰는지 생각하자.

일상용 물건 분류

매일 또는 거의 매일 사용하는 물건은 쉽게 찾을 수 있는 곳에 두는 것이 좋다. 쓰고 나면 제자리에 놓는 습관이 들도록 트레이나 전용 공간을 지정한다. 선반이 필요하면 눈높이에 맞추거나 손이 가장 자주 닿는 위치에 배치한다.

- 침실: 안경, 휴대전화 충전기, 스킨케어 제품
- 주방: 프라이팬, 기본 조리도구(국자, 칼), 식기류(접시, 컵)
- 작업 공간: 노트북, 펜, 메모지, 다이어리
- 외출용품: 지갑, 열쇠, 손 소독제, 휴대전화

계절용 물건 분류

특정 계절에만 사용하는 물건은 사용하지 않는 동안 접근성이 낮은 곳에 보관해도 된다. 공간이 넓다면 지정 자리를 만드는 것도 괜찮지만, 공간이 좁다면 계절이 바뀔 때마다 물건을 순환 배치해서 공간을 효율적으로 사용하자. 계절별로 상자나 진공 압축 백에 보관하고, 라벨링하여 쉽게 찾을 수 있게 한다. 창고, 상단 선반, 베란다 등 사용 빈도가 낮은 공간을 활용한다.

- 의류: 겨울 코트, 여름용 반바지, 수영복
- 가전제품: 선풍기, 히터, 가습기
- 장식품: 크리스마스 장식, 핼러윈 장식
- 야외용품: 캠핑 장비, 비치 체어, 눈삽

특별한 날에 사용하는 물건 분류

행사나 특정 상황에서만 사용하는 물건은 보관 공간을 따로 지정하면 관리가 편하다. 다만 사용 빈도는 낮아도 필요할 때 바로 찾을 수 있어야 한다. 투명 박스나 라벨링된 수납 상자를 사용해 항목별로 정리하거나, 보관함이나 벽장 등 필요할 때 빠르게 꺼낼 수 있는 별도 공간에 넣어둔다.

- 행사용 물건: 파티 장식, 케이크 도구, 접이식 테이블
- 여행용품: 여행 가방, 여권 케이스, 휴대용 어댑터
- 비상용품: 손전등, 비상식량, 배터리, 구급상자

가끔 사용하는 물건 분류

1~3개월에 한 번 정도 사용하거나, 때로는 여러 장소에서 필요한 물건도 있다. 사용 빈도는 낮아도 정기적으로 사용한다면 너무 깊숙한 곳에 두지 않도록 주의한다. 사용 장소 근처의 하단 서랍이나 상단 선반에 보관하고, 장기 보관 시 먼지가 쌓이지 않도록 덮개를 씌운다.

- 청소 도구: 창문 닦는 도구, 스팀 청소기
- 가전제품: 믹서, 와플 메이커
- 취미용품: 특별한 공예 도구, 악기

사용하지 않는 물건 분류

현재는 사용하지 않지만 추후 필요할 수도 있는 물건은

따로 보관하거나 처분을 고려한다. 특히 몇 년 동안 보관만 하고 사용하지 않았다면 기부, 재활용 또는 폐기 여부를 생각해보자.
- 오래된 기념품, 안 입는 의류
- 예비 가구, 여분의 전자 기기

사용 빈도에 따라 분류하여 보관할 때는 정기 점검이 필수다. 한번 정리했다 하더라도 사용하지 않는 물건이 많아지면 주기적으로 비우자. 사용 빈도가 달라지면 정리 상태를 재점검하고, 필요에 따라 위치를 유연하게 변경한다.

사용 빈도에 따라 물건을 분류하면 정리와 유지 관리가 훨씬 쉬워진다. 매일 쓰는 물건은 눈앞에 두고, 계절용이나 특별한 물건은 깔끔히 정리하여 공간을 절약하자. 일상에 작은 질서가 생겨 생활이 한층 즐거워질 것이다.

동선에 따라: 애매한 물건

생활공간은 자연스럽게 움직이고 활동할 수 있어야 쾌적하고 편안하다. 동선이 복잡하면 불편하고 답답해진다. 동선은 우리가 집 안에서 자연스럽게 움직이는 흐름을 의미한다. 이를 기준으로 물건을 정리하면 필요할 때 즉시 찾을 수 있다. 또한 공간의 활용도를 높이는 동시에 불필요한 이동을 줄일 수 있다. 동선을 중심으로 물건을 체계적으로 분류하고, 애매한 물건까지 효율적으로 관리하는 방법을 소개한다.

생활 동선 분석하기

물건을 배치하기 전에 가족 구성원이나 본인의 일상 동선을 분석한다. 분석 방법은 아침에 일어나서 잠들기 전까지 자주 사용하는 물건과 장소를 기록하는 것이다. 하루 동안 움직이는 경로를 파악하여 활동별로 구분한다. 자주 사용하는 물건은 동선의 주요 지점에 배치하는 것이 좋다.

공간별 물건 배치 방법

동선을 중심으로 공간에 따라 물건을 분류하면 필요할 때 빠르게 찾을 수 있다.

예를 들어 침실은 잠자고 옷을 갈아입고 휴식을 취하는 곳이다. 특정 계절에만 입는 옷 등 사용 빈도가 낮은 물건은 옷장 상단이나 하단 서랍에 보관하여 공간을 절약한다.

- 침대 근처: 알람 시계, 안경, 휴대전화 충전기, 스킨케어 제품
- 옷장 근처: 상의, 하의, 속옷을 활동에 맞게 구분
- 책상(침실 내): 자주 쓰는 문구류, 간단한 노트

주방은 요리하고 설거지하고 식사하는 곳이다. 베이킹

용품처럼 자주 사용하지 않는 도구는 높은 선반에 보관하고, 필요할 때 꺼낸다.

- 싱크대 근처: 세제, 수세미, 물걸레
- 조리대 근처: 조리도구, 자주 사용하는 양념
- 식탁 근처: 컵, 그릇, 포크 등 식사 도구

거실은 가족이 휴식을 취하고 모이는 곳이다. 보드게임처럼 공간을 차지하는 물건은 서랍에 보관하여 깔끔함을 유지한다.

- 소파 근처: 리모컨, 잡지, 담요
- 텔레비전 근처: 게임기, DVD, 케이블
- 선반: 책, 장식품

현관은 외출하고 귀가할 때 가장 먼저 만나는 공간이다. 바구니나 트레이를 활용해 열쇠나 카드 지갑, 자동차 열쇠 같은 작은 물건을 정리한다.

- 신발장 근처: 신발, 우산, 신발 관리 용품
- 현관 테이블: 열쇠, 지갑, 가방
- 벽면: 코트 걸이, 모자

애매한 물건 정리 방법

애매한 물건은 특정 공간에 고정하기 어려워 정리하기 힘든 경우가 많다. 이때는 사용 빈도와 용도를 기준으로 적절히 분류하고, 다목적 공간을 활용하여 정리한다.

우편물은 트레이를 활용해 필요한 서류와 불필요한 종이를 즉시 분류한다. 반납할 도서, 빌린 물건 등 일시적으로 사용하는 물건은 외출할 때 쉽게 챙길 수 있는 장소나 현관 근처에 배치한다. 멀티 툴, 배터리, 충전기 등 다용도 물건들은 한 상자에 모아 작업 공간 근처에 보관한다.

동선을 효율적으로 이용하려면 중간 지점을 활용하는 것도 좋다. 예를 들면 현관과 거실 사이처럼 동선상 자주 이동하는 공간에 작은 수납함을 두는 것이다. 이동식 카트나 트레이를 활용해 동선에 따라 물건을 이동하거나 보관하는 것도 좋은 방법이다. 주방과 거실 사이를 이동할 때

음료나 리모컨 등을 카트에 담아 한꺼번에 옮기는 식이다. 시간이 지나면서 동선과 물건의 위치가 불편하게 느껴지면, 동선을 다시 평가하고 물건 배치를 조정한다.

색상에 따라: 소분류

색상은 단순한 미적 요소를 넘어 실용적인 요소가 될 수 있다. 색상에 따라 물건을 분류하면, 특히 물건이 많아 혼란스럽거나 분류 기준이 명확하지 않을 때 좋다. 아이들이 사용하는 물건처럼 시각적 단서가 중요한 경우, 공간이 좁아 효율적인 배치가 필요한 경우, 또는 특정 주제를 강조하거나 공간을 통일성 있게 꾸미고 싶을 때도 큰 효과가 있다. 시각적 안정감을 주는 것은 물론, 빠르게 식별하고 활용도를 높이는 구체적인 방법을 소개한다.

색상별 의류 분류

옷을 색상에 따라 정리하면 시각적으로 보기 좋을 뿐만 아니라 원하는 옷을 빠르게 찾을 수 있다. 옷장을 열어 모든 옷을 상의, 하의, 외투 등 종류별로 나눈 뒤 색상에 따라 정렬한다. 같은 색상의 옷은 밝은 톤에서 어두운 톤 순서로 정렬하여 자연스러운 흐름을 만든다. 계절별로 사용하지 않는 옷은 따로 보관해 깔끔한 색상 분류를 유지한다.

색상별로 의류를 정리하면 코디 시간이 단축된다. 시각적 효과 또한 뛰어나고 정돈된 느낌을 준다.

색상별 문구류 분류

펜, 파일, 노트 등 색상이 뚜렷한 문구류를 색에 따라 분류하면 학습이나 업무의 집중도가 높아진다. 펜이나 마커를 색상별로 정리하여 펜꽂이나 서랍에 배치한다. 파일이나 서류철의 경우 빨간색은 중요 문서, 파란색은 일반 서류로 정하는 등 주제를 구분한다. 노트나 다이어리도 색상에 따라 업무나 학습의 주제를 분리한다. 알아보기 쉬운 색상으로 필요한 서류를 바로 찾는 등 작업의 체계성을 강화할 수 있다.

색상별 장난감과 소품 분류

장난감이나 작은 소품은 색상이 섞여 있으면 어수선해 보이지만, 색상별로 분류하면 깔끔하고 정리된 느낌이 든다. 블록, 피겨, 퍼즐 조각 등은 색상별로 나누어 전용 상자나 바구니에 담는다. 투명 정리함을 사용해 색상이 한눈에 보이도록 하여 아이가 쉽게 정리하고 찾을 수 있도록 한다. 색상이 없는 물건은 기능별로 분류하여 따로 보관한다. 이렇게 색상별로 구분하면 아이들도 정리를 배우고, 물건을 찾는 시간도 줄어든다.

라벨링 및 박스를 활용한 공간별 색상 구분

색상별로 라벨을 사용하거나 박스를 활용하면, 물건을 찾고 정리하는 과정이 더 간단해지고 체계적으로 변한다. 공간별로 색상 라벨을 지정하여 시각적으로 구분한다. 예를 들어 주방용품은 빨간색 라벨, 욕실용품은 파란색 라벨, 작업 도구는 초록색 라벨 등으로 표기한다.

특정 공간에서 쓰는 물건도 색상별 박스에 담아 구분하면 편리하다. 현관에 신발 관리 용품(흰색 박스), 외출용 소품(검은색 박스)을 따로 보관하는 등 박스를 활용하면 공간을 꾸미는 효과도 있다. 물건을 담은 박스가 어느 공간으로 가야 하는지 명확하게 구분되므로 수납 시간을 줄일 수 있다.

색상별 잡화와 생활용품 분류

집 안의 다양한 물건을 색상별로 분류하면 정리 효과가 극대화된다. 수건, 침구류는 색상별로 정리하여 서랍이

나 선반에 보관한다. 주방의 접시, 컵, 그릇을 색상이나 패턴별로 정리하면 그 자체로 인테리어 효과가 있다. 케이블 타이, 줄자, 테이프 같은 잡화도 색상별로 구분하거나 라벨을 붙여 관리한다.

색상이 애매한 물건 분류

색상이 뚜렷하지 않거나 여러 색이 섞여 있는 물건은 색상 외의 기준을 추가하여 분류한다. 기능별 또는 용도별로 먼저 분류한 뒤 색상에 따라 정리하는 것이다. 예를 들어 꽃무늬 접시나 체크무늬 옷 등 색상이 다양한 물건은 가장 눈에 띄는 주 색상을 기준으로 분류한다. 색상별로 분류할 수 없으면 흰색, 검은색 등 중립 색상을 중심으로 따로 정리한다. 색상별로 구분하면 공간이 쾌적하고 아름다워지지만, 물건의 쓰임과 목적을 잊지 말자.

색상별로 잘 정돈해도 시간이 지나면 분류가 흐트러질 수 있다. 정기적으로 점검하고, 필요한 경우 재정비한다. 일정한 색상 분류를 항상 고집하기보다 필요에 따라 용도, 기능 등을 고려해서 유연하게 대응하자.

똑똑한 정리 2단계: 필요한 것을 구분하는 비우기

버리기: 필요 vs 불필요

정리의 첫 단계가 물건을 분류하고 제자리를 찾는 것이라면, 두 번째 단계는 '비우기'이다. 비우기는 단순히 버리는 게 아니다. 버리기, 줄이기, 재활용까지 모두 포함한다. 비우기의 포인트는 삶에서 진정으로 필요한 것과 그렇지 않은 것을 구분하는 것이다. 비우기를 통해 공간뿐 아니라 마음의 여유까지 확보할 수 있다. 이 과정은 단순한 물리적 정리가 아니라 삶의 철학과도 연결된다.

비우는 행위는 물건과의 관계를 다시 생각하게 한다. 우리가 소유하고 있는 많은 물건 중 상당수는 더 이상 사용하지 않거나 우리에게 기쁨을 주지 않는 것들이지 않던가.

비우기는 물건의 의미를 되새기고, 더 이상 필요 없는 것을 정리하며 현재의 삶에 초점을 맞추는 과정이다.

불필요한 것을 비워낸 공간은 단순함 속에서 아름다움을 드러낸다. 채우기보다 비우기가 더 어려운 이유는, 삶의 본질을 마주하게 되기 때문이다. 비움은 공간을 깨끗하게 만드는 것 이상의 가치가 있다.

그런데 비우라는 말을 하면 버리라는 말로 이해하는 사람도 많다. 비우기 중에서도 버리기가 중요한 이유는 무엇일까? 정리는 단순히 물건을 '옮기는' 일이 아니라, 불필요한 것을 덜어내는 데서 시작하기 때문이다. 불필요한 물건이 줄어들면 남은 물건의 가치를 더 잘 느낄 수 있고, 공간 활용도도 높아진다.

불필요한 물건을 정리하면 정신적으로도 큰 해방감을 느낀다. 버리는 과정을 통해, 무엇이 현재 내 삶에서 진정으로 중요한지 깨달을 수 있다. 이렇게 비워진 공간은 새로운 경험으로 채울 수 있는 여지를 제공한다.

버리기가 중요하다는 것을 알더라도 사실 실천이 쉽지는 않다. 감정적·실용적 이유 때문에 필요하지 않은 물건도 계속 간직하려 하기 때문이다. 생활에 적용할 수 있는 효과적인 버리기 방법을 소개한다.

질문을 통해 결정하기

비우기와 버리기를 통해 얻고자 하는 목표를 정한다. 더 넓고 깔끔한 공간, 필요 없는 물건을 처분하여 얻을 수 있는 것 등을 생각한다. 그리고 정리할 물건의 양에 따라 작업 범위를 설정한다. "오늘은 안방 옷장에서 버릴 것을 정하자"라고 결정하는 식이다. 만약 버리기 어려운 물건이 있다면 다음 질문을 던져보자. '아니요'가 많다면 과감히 버리는 것이 좋다.

"최근 6개월~1년 안에 사용했는가?"
"다른 물건으로 대체할 수 있는가?"
"내 삶에 실질적인 가치를 주는가?"
"지금 다시 구매할 것인가?"

감정적 애착 물건 버리기

사진, 편지, 기념품 등은 버리기가 쉽지 않다. 그렇다면 디지털화하여 추억은 간직하되 물리적 공간은 비워보자. 기념품 중 일부만 선택하여 대표로 보관하고, 나머지는 정리한다.

일괄 버리기와 구역별 버리기

일괄 버리기와 구역별 버리기로 나눠본다. 일괄 정리는 모든 옷, 모든 책 등 특정 종류의 물건을 한 번에 모아 평가하는 것이다. 주방, 옷장 등에 적용하는 구역별 버리기는 특정 공간을 정리하면서 그 안에 있는 물건들을 점검하는 방식이다.

버리기 습관 만들기

하루 한 물건 정리법을 통해 매일 하나씩 물건을 정리하며 비우는 습관을 만든다. 비움 일정을 설정하는 것도 좋은 방법이다. 매주 특정 시간을 정해 물건을 점검하고 비우는 시간을 가진다. '원 싱 원 아웃' 규칙은 새 물건이 하나 들어올 때마다 기존 물건 하나를 정리하는 방식이다.

더 이상 쓰지 않거나 남에게도 줄 수 없는 물건을 버리고 공간의 여백을 되찾으면 마음의 여유가 생긴다. 물건에 집착하는 대신 온전히 내 삶에 집중하는 행복을 누려보자.

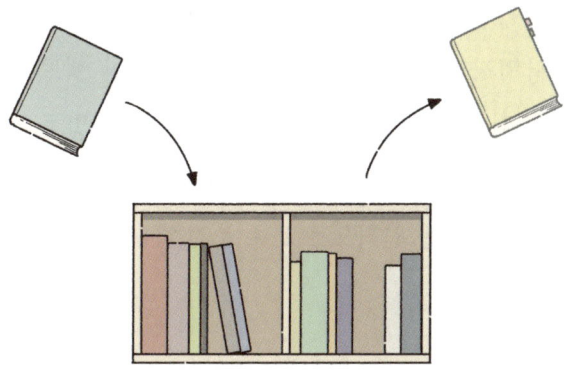

줄이기

줄이기의 시작은 새로운 물건이 들어오는 것을 최소화하는 데 있다. 충동구매를 방지하기 위해, 물건을 구매하기 전에 '이것이 정말 필요한가?'라고 물어본다. 물건을 사기 전에 하루에서 일주일 정도까지 시간을 두고 고민하면서 재사용 가능한 물건을 활용하거나 대여 서비스를 이용할 수 있는지 생각해보자. 소비 습관을 점검하는 앱을 활용하거나 월간 소비 내용을 기록하며 불필요한 지출을 분석하면 도움이 된다. 물건을 줄이는 구체적인 방법 몇 가지를 소개한다.

기준 정하기

물건을 줄일 때는 소유 기준을 명확히 정한다. 예를 들어 3개월 동안 한 번도 사용하지 않은 물건은 줄인다는 기준을 세우고 기준에 따라 행동하는 것이다. 1인 1개 원칙도 도움이 된다. 용도가 같은 물건이 여러 개라면 하나만 남기고 나머지는 정리한다. 자주 쓰는 접시 한 세트만 남기고, 중복되는 접시는 줄인다. 매월 또는 계절별로 시간을 정해 불필요한 물건을 점검하고, 물건을 살 때는 '들어온 만큼 나간다'라는 원칙으로 기존 물건 하나를 정리한다.

나눔을 통한 줄이기

　나눔은 다른 사람에게 필요한 물건을 전달하는 긍정적인 방식이다. 상태가 좋은 옷, 책, 가전제품 등을 기부 센터나 지역 사회단체에 기부한다. 불필요한 물건을 중고 거래 사이트나 지역 마켓에서 판매한다. 가족, 친구, 이웃과 나눌 수 있는 물건은 소소한 선물로 전한다. 나눔은 불필요한 물건을 줄이는 동시에 다른 사람에게 도움을 줄 수 있는 의미 있는 행위이다. 물건의 생명주기를 연장하며, 자원 낭비를 줄이는 데도 기여한다.

대체 가능한 것 찾기

　물건을 줄이는 또 다른 방식은 여러 용도로 쓸 수 있는 물건을 찾는 것이다. 예를 들면 큰 프라이팬을 냄비와 오븐으로도 사용하는 것이다. 수납 겸용 침대나 접이식 테이블 등 다용도 가구로 공간과 물건을 동시에 절약하는 방법

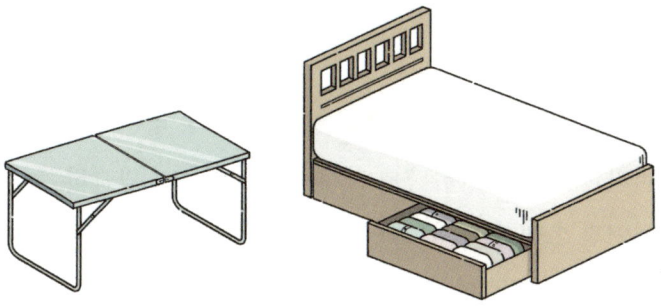

도 있다.

미니멀리즘 연습

일상에서 적은 물건으로도 충분히 생활할 수 있음을 인지한다. 여행에서 꼭 필요한 물건만 챙기는 연습을 통해 소유 욕구를 줄여보자. 또 다른 방법은 가족, 친구와 함께 줄이기 목표를 정하고 도전하는 것이다. 예를 들어 하루에 한 가지 물건 줄이기, 한 달 동안 새로운 물건 사지 않기 등을 챌린지 목표로 삼아볼 수 있다. 줄인 물건과 확보한 공간을 기록하며 성취감을 느끼는 것도 효과적이다.

많은 물건이 우리를 행복하게 만들지는 않는다. 더 적게 소유하면서도 더 깊게 느끼고, 더 풍요로워질 수 있다. 물건에 얽매인 삶에서 벗어나 가벼운 발걸음으로 내일을 맞이하자. '물건은 적게, 행복은 크게' 맛보며 살아가자.

재활용하기

우리는 매일 수많은 물건을 사용하고, 또 버린다. 그러나 버리는 물건 하나하나를 자세히 들여다보면 단순히 '쓸모없어진 쓰레기'가 아니다. 더 쓸 수 있는 자원인 경우가 더 많다. 재활용은 이러한 물건에 새로운 기회를 주는 과정이다. 더 이상 필요하지 않다고 생각되는 물건이라도 올바르게 분리하고 재활용하면 새로운 용도로 다시 태어나 환경을 보호하는 데 기여한다. 일상에서 재활용을 적극 실천할 수 있는 방법을 소개한다.

올바른 분리배출

재활용의 첫걸음은 정확한 분리배출에서 시작된다. 깨끗한 종이는 별도로 모아 재활용하고, 스티커가 붙어 있거나 코팅된 종이는 분리한다. 투명 페트병, 플라스틱 용기를 세척 후 재활용하고, 이물질이 붙어 있는 플라스틱은 일반 쓰레기로 배출한다. 유리병은 색깔별로 분리하거나, 라벨을 제거한 후 배출하고, 깨진 유리는 일반 쓰레기로 처리한다. 알루미늄 캔, 철제 용기 등 금속류는 깨끗이 비운 후 배출한다. 분리수거함을 공간별로 마련하고, 재활용품 종류에 따라 쉽게 분류할 수 있도록 라벨을 붙인다. 중요한 것은 각 지역의 재활용 분리배출 기준을 확인하고 따르는 것이다. 재활용 가능한 물건은 이물질을 제거하고 세척해서 배출한다. 재활용되지 않는 물건은 일반 쓰레기로 배출하거나, 별도로 처리하는 방법을 찾는다.

물건의 재활용 가능성 확인

쓰지 않는 물건 중 재활용할 수 있는 것을 확인한다. 오래된 옷은 의류 재활용 센터에 기부하거나 천 조각으로 재활용할 수 있다. 배터리, 노트북, 휴대전화 등 전자 기기는 전문 수거 업체를 통해 재활용한다. 상태가 양호한 가구는 리폼하거나, 재활용할 수 있는 자재로 분리해서 배출한다.

업사이클링

 업사이클링upcycling은 재활용을 넘어 물건을 창의적으로 재탄생시키는 방법이다. 빈 병을 화병이나 조명 장식으로 활용하거나, 낡은 티셔츠를 걸레나 에코백으로 재가공하고, 오래된 나무 상자를 정리함이나 소형 테이블로 리폼해서 쓸 수 있다.

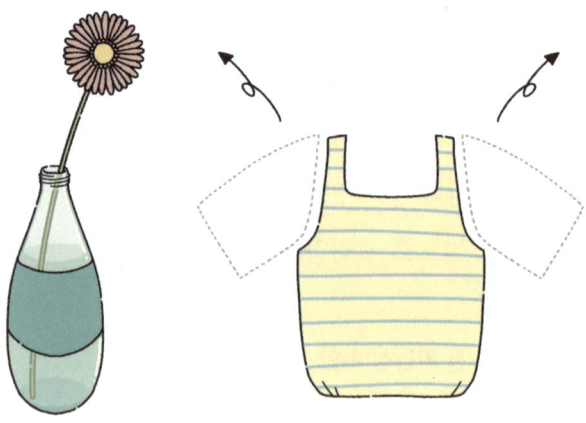

지역 재활용 프로그램 참여

지역 사회에서 제공하는 재활용 프로그램이나 캠페인에 참여한다. 페트병, 캔을 반납하고 포인트를 적립하는 등 재활용 교환 이벤트를 적극적으로 활용하거나, 지역 쓰레기 처리장에서 제공하는 대형 폐기물 재활용 서비스를 활용할 수도 있다.

나는 물건 하나를 버릴 때마다, 그 물건을 만드는 데 소요된 자원과 에너지, 환경에 미치는 영향을 생각하곤 한다. 물건 재활용은 환경을 위한 작은 실천일 뿐만 아니라, 자신이 소비한 물건과 자원을 더 깊이 인식하고 감사하는 계기를 제공한다. 사용하지 않는 물건이 다른 형태로 재탄생하는 과정을 경험할 때 우리는 단순한 소비자가 아니라 자원 순환에 기여하는 적극적인 실천자가 될 수 있다.

똑똑한 정리 3단계: 생활 패턴에 맞춰 수납하기

수납의 원칙이 아니라 삶의 원칙이 필요하다

수납하려 할 때 보통은 '이 물건은 어디에 두면 좋을까?'라는 질문부터 한다. 하지만 수납은 단순히 물건의 자리를 찾아주는 문제가 아니다. 그보다 '내 삶에 어떤 가치를 두고 싶은가?' 하는 질문에서 출발해야 한다. 수납은 단지 공간 정리를 위한 기술이 아니라 삶을 바라보는 태도와 철학을 담아내는 과정이기 때문이다.

그렇기에 수납은 물건이 아니라 '나 자신'에서 시작해야 한다. 우리는 대부분 물건을 기준으로 수납을 시작한다. 크기, 용도, 사용 빈도에 따라 정리하고 자리를 배치한다. 하지만 진짜 중요한 것은 물건이 아니라, 그것을 사용하는 나 자신이다.

"내가 이 공간에서 가장 많이 하는 활동은 무엇인가?"

"내 삶에서 가장 중요하게 여기는 가치는 무엇인가?"

이 질문들을 먼저 정리해야 비로소 물건과 공간이 따라온다. 삶의 우선순위와 생활 패턴을 반영하지 않은 수납은 물건을 숨기는 행위일 뿐이다. 매일 물건을 사용하는 방식, 하루를 보내는 방식에 맞춘 수납이 진정으로 도움이 되는 이유이다.

수납의 본질은 공간을 물건으로 채우는 데 있지 않다. 우리의 삶을 더 편안하고 자유롭게 만드는 공간을 발견하는 데 있다. 물건으로 가득 찬 서랍이나 수납장은 어쩌면 물건에 지배당하고 있다는 신호일지도 모른다. 진짜 좋은 수납은 물건이 나를 따라오는 것이 아니라, 공간이 나를 따라 움직이는 것이다. 수납은 내 삶과 가치를 반영해야 한다. 수납 기준은 물건을 효율적으로 배치하는 게 아니라, 공간이 내 삶에 맞춰지는 것이다.

물건을 쌓는 것은 수납이 아니다

수납을 잘하고 싶다는 마음으로 물건을 차곡차곡 쌓아본 적이 있을 것이다. 서랍이나 선반에 물건을 빽빽이 쌓아 넣으면 당장은 정리된 것처럼 보일지도 모른다. 하지만 이

것은 수납이 아니라 물건을 임시로 보관하는 행위에 불과하다.

쌓는 수납이 왜 문제일까? 첫째, 보이지 않는 물건은 사라진 물건과 같기 때문이다. 물건을 쌓아두면 아래쪽에 있는 물건은 점점 잊히거나 사용할 수 없는 상태가 된다. 결국 물건의 존재를 잊어버리고, 같은 물건을 또 구매하는 악순환에 빠진다.

둘째, 사용할 때마다 불편하기 때문이다. 필요한 물건이 아래쪽에 있다면 위의 물건을 모두 치워야 찾을 수 있다. 단순한 불편함을 넘어 시간이 지날수록 스트레스가 커질 것이다.

셋째, 정돈 상태를 유지하기 어렵기 때문이다. 물건을 쌓으면 위층과 아래층의 균형이 깨지거나 물건이 서로 얽혀 어지럽혀지기 쉽다. 한 번 흐트러지면 다시 정리하기 어렵고 공간도 어수선해진다.

수납의 기본은 물건을 한눈에 볼 수 있게 배치하는 것이다. 물건이 보이면 쉽게 찾고 쉽게 사용할 수 있다. 공간이 부족하면 물건을 줄이는 것이 먼저다. 수납의 본질은 물건을 '보관'하는 것이 아니라, 필요할 때 즉시 꺼내 쓸 수 있게 하는 것임을 기억하자. 물건은 쌓여 있을수록 활용도가 떨어진다. 수납을 잘하고 싶다면 쌓지 않고, 물건이 각자의 자리를 가지도록 해야 한다.

한 번 배우면 평생 써먹는 공간별 수납 꿀팁

수납은 공간을 효율적으로 활용해 우리 일상을 더 편리하게 만드는 기술이다. 한 번 익혀두면 집 안 어디에나 적용할 수 있는 공간별 수납의 기본 원칙과 팁을 소개한다. 깔끔함을 유지하는 것은 물론 수납의 효율성과 지속 가능성을 높여줄 것이다.

침실: 깔끔한 수납으로 휴식의 질 높이기

침실은 하루를 마무리하고 재충전하는 공간이다. 물건이 산만하게 흩어져 있지 않도록 정리하자. 침대 옆 테이블에는 꼭 필요한 물건만 두고, 트레이나 작은 바구니를 활용한다. 공간이 좁으면 침대 아래에 서랍형 수납함을 두어 계절 옷이나 추가 침구를 보관한다. 옷은 계절별로 나눠 정리하고, 자주 입는 옷은 손이 닿는 높이에 배치한다. 벽걸이형 옷걸이(틈새형)를 활용하면 소형 공간에서도 효율적으로 수납할 수 있다. 접어서 보관해야 하는 옷은 수직으로 세워두면 한눈에 보인다.

주방: 효율적인 동선으로 조리 시간 단축하기

주방은 공간 활용이 중요한 곳이다. 핵심은 물건을 사용하는 빈도와 조리 동선을 고려한 수납이다. 조리대 주변에 자주 사용하는 조리도구를 두고 손이 바로 닿도록 한다.

기본양념도 조리대 근처에 둔다. 소형 트레이나 회전형 스탠드를 사용하면 깔끔하게 정리할 수 있다.

　냄비와 팬은 수납 랙을 사용해 수직으로 세워 보관하고, 크기에 따라 분리한다. 식기는 크기와 용도별로 나눠 정리하고, 자주 사용하는 접시는 선반의 앞쪽에 배치한다. 냉장고 내부는 투명 용기를 활용해 정리하자. 카테고리별로

라벨링하면 필요한 식재료를 빠르게 찾을 수 있다. 소비기한이 짧은 음식은 앞쪽에 두고, 오래 보관할 수 있는 음식은 뒤쪽에 둔다.

욕실: 한정된 공간을 최대한 활용하기

욕실은 공간이 작아 효율적인 수납이 필수적이다. 치약, 칫솔, 세안제 등 매일 사용하는 물건은 세면대 근처에 두되, 바구니나 트레이를 활용해 물에 젖지 않도록 한다. 공간이 좁으면 세면대 아래에 서랍형 수납장을 설치하거나 벽걸이형 선반을 활용한다. 샴푸, 린스 등 샤워 도구는 코너 선반이나 흡착식 홀더를 이용해 보관한다. 샤워 볼이나 스펀지는 물이 잘 빠지는 형태로 걸어서 위생적으로 관리한다. 수건은 두루마리 형태로 말아 선반에 보관하면 공간을 덜 차지한다.

거실: 다용도 공간에 질서 부여하기

거실은 다양한 활동이 이루어지는 공간으로, 깔끔함과 접근성이 모두 중요하다. 리모컨, 잡지, 간식은 소파 옆 테이블이나 바구니에 정리한다. 케이블은 케이블 타이로 묶거나 케이블 박스를 사용한다. 장식품은 최대한 간결하게 배치하고, 선반에는 책과 소품을 적절히 섞어 시각적 균형을 맞춘다. 책은 카테고리별로 정리하고, 자주 읽는 책은

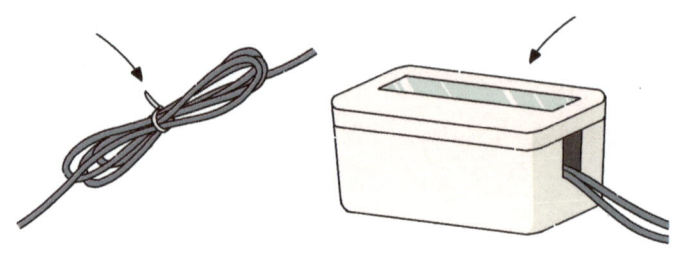

손이 닿는 곳에 배치한다.

현관: 외출과 귀가의 효율을 높이는 정리

현관은 외출이나 귀가할 때 필요한 물건을 정리하는 공간이다. 자주 신는 신발은 앞쪽에, 계절용 신발은 뒤쪽이나 아래쪽에 보관한다. 신발장은 습기가 차기 쉬우므로 제습제를 넣어둔다. 열쇠와 지갑은 현관 벽걸이 훅이나 트레이에 정리한다. 외출 시 필요한 우산, 모자 등은 현관문 근처에 따로 둔다. 자주 사용하는 가방은 현관 옆에 걸고, 나머지는 별도의 보관함에 정리한다.

수납 원칙을 세우는 원 포인트 레슨

수납의 기본은 복잡하거나 거창하지 않다. 간단하지만 강력한 몇 가지 원칙만으로도 공간을 깔끔하게 유지할 수 있다. 다음 원 포인트 레슨을 실천해보자.

'한눈에 보이게' 수납하기

한눈에 보이지 않는 물건은 잊히거나 방치되기 쉽다. 서랍 속 물건은 겹쳐 쌓지 말고 세워서 정리한다. 선반의 물건은 앞뒤로 두지 말고, 계단식 선반을 사용해 뒤쪽 물건도 잘 보이게 하자. 투명 박스를 사용하면 물건을 쉽게 찾을 수 있다.

자주 사용하는 물건은 '손이 닿는 곳'에 수납하기

자주 쓰는 물건은 쉽게 손이 닿는 위치에 놓는다. 매일 사용하는 주방 조리도구는 조리대 근처에 두고, 가끔 쓰는 도구는 상단 선반에 보관한다. 침실에서는 매일 입는 옷은 옷장 정면에, 계절별 옷은 옷장 상단이나 하단에 정리한다. 욕실에서 자주 쓰는 세안제는 세면대 가까이에, 여분의 세면용품은 서랍에 보관한다.

카테고리별로 '묶어서' 수납하기

비슷한 종류의 물건들은 모을수록 효율적이다. 문구류는 펜, 노트, 스테이플러 등으로 묶어 정리한다. 주방에서는 양념류를 한 트레이에 담아 보관하면 옮기기 쉽고 깔끔하다. 욕실에서는 헤어 제품, 스킨케어 제품 등을 각각 따로 정리한다.

수납공간에 '여유'를 남기기

수납공간을 가득 채우면 정리 상태를 유지하기 어렵다. 수납공간의 약 20~30퍼센트는 항상 비워두자. 물건이 넘쳐도 공간이 여유 있으면 다시 정리하기가 쉽다. 옷장에 옷을 빽빽이 걸지 않고 여유를 두면 옷을 꺼내고 다시 넣기 편리하다. 책장의 책도 꽉 채우는 대신 장식품이나 여백을 활용해 시각적인 여유를 준다.

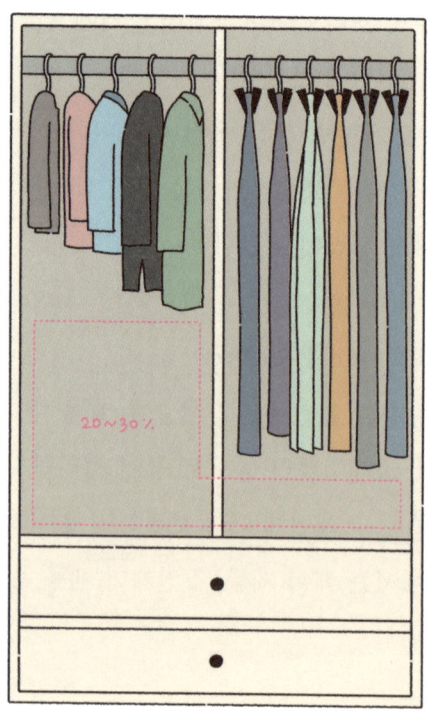

수납을 '사용 흐름'에 맞추기

물건의 위치는 사용자의 동선과 사용 흐름에 맞춰야 한다. 현관의 경우 열쇠, 지갑, 신발 등 외출에 필요한 물건을 한곳에 모아두고, 동선에 따라 정리한다. 주방의 경우 조리대와 냉장고 사이에 자주 쓰는 도구를 두어 요리 시간을 단축한다. 거실에서 자주 사용하는 리모컨, 담요 등은 소파 근처의 서랍이나 바구니에 정리한다.

'투명 수납'과 라벨링 활용하기

투명한 박스나 바구니를 사용하면 내용물을 쉽게 확인할 수 있다. 서랍이나 박스에 라벨을 붙여 물건의 종류나 용도를 표시하자. 찾는 시간이 줄어들 것이다. 라벨에 색상 코드를 활용하면 시각적으로도 정리가 잘되어 보인다

'작은 공간'에는 맞춤형 수납 도구 활용하기

좁은 공간은 맞춤형 수납 도구를 활용해 효율적으로 사용한다. 옷장 안에는 서랍형 정리함이나 칸막이를 설치해 작은 물건을 정리한다. 싱크대 하부에 슬라이딩 수납장을 두면 깊은 공간도 쉽게 사용할 수 있다. 욕실처럼 좁은 곳에서는 벽걸이 선반이나 흡착식 홀더를 활용한다.

정리와 수납을 습관으로 만들기

수납은 한 번의 정리로 끝나지 않는다. 꾸준히 유지해야 빛을 발한다. 하루 5분 정리 습관을 만들어 잠들기 전에 정리할 물건을 점검하고 제자리에 두자. 새로운 물건이 들어오면 기존 물건 하나를 정리하거나 처분한다. 매달 수납공간을 점검해 필요 없는 물건을 정리하자.

수납은 삶의 질서를 회복하고 자신이 공간의 주인이 되도록 돕는 과정이다. 제대로 익힌 수납의 원칙과 습관은 평생 든든한 동반자가 될 것이다. 수납 기술 몇 가지를 배우는 것에 만족하기보다 물건으로부터 자유로워지고, 더 크고 넓은 시선으로 삶을 디자인해보자.

똑똑한 정리 4단계:
제자리를 유지하기

제자리에 돌려놓는 3초의 마법

정리 상태를 유지하는 방법 중 간단하면서도 강력한 것이 있다. 물건을 사용한 후 바로 제자리에 돌려놓는 것이다. 이 단순한 행동은 마법처럼 느껴질 정도다. 정리는 시간을 내서 해야 하는 일이 아니라, 일상에서 자연스럽게 실천할 수 있는 습관이 되어야 한다.

왜 '제자리'가 중요할까? 첫째, 혼란을 줄이고 시간을 절약할 수 있기 때문이다. 물건이 항상 제자리에 있으면, 필요한 것을 찾느라 시간을 낭비하지 않는다. 둘째, 정리를 위한 추가적인 노력이 필요 없기 때문이다. 물건이 제자리에 돌아가면 별도로 정리 시간을 마련하지 않아도 된다.

더 이상 '언제 한번 정리해야겠다'라는 부담을 느끼지 않아도 되는 것이다.

정돈된 공간이 주는 안정감을 느껴본 적 있을 것이다. 눈에 보이는 공간이 깔끔하면 정신적 스트레스도 줄어든다. 물건을 어지럽히는 데서 오는 무의식적인 불안감을 방지할 수 있다. '제자리로 돌려놓는 3초의 마법'을 습관으로 만들어보자.

첫째, 눈에 띄는 공간 지정하기

가장 기본적인 것은 물건들의 자리를 정해두는 것이다. 하지만 모든 물건을 보이지 않는 곳에 넣을 필요는 없다. 자주 사용하는 물건은 눈에 잘 띄는 위치에, 가끔 사용하는 물건은 손이 닿지 않는 곳에 보관한다. 리모컨은 거실 테이블 위 트레이에, 매일 사용하는 물병은 책상 옆에 두는 것이다.

둘째, '3초의 규칙' 활용하기

물건을 사용한 후 제자리에 두는 데 3초 이상 걸리지 않는다면 그 자리에서 바로 실행한다. 이 작은 행동을 꾸준히 실천하면 정리되지 않은 물건이 공간을 어지럽히는 것을 막을 수 있다.

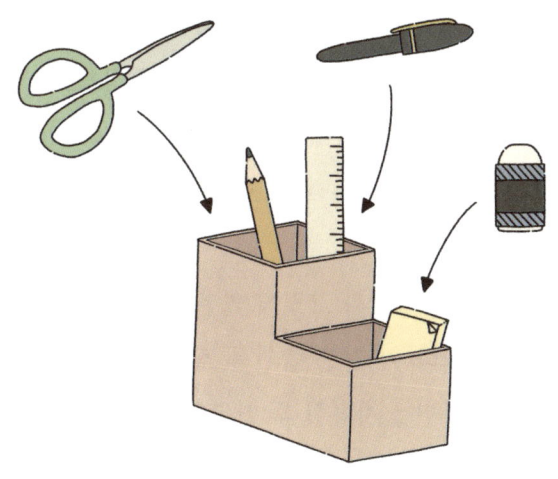

셋째, 사용한 만큼 되돌려놓기

하루가 끝날 때마다 물건이 원래 자리로 돌아갔는지 확인하는 습관을 들인다. 예를 들어 책을 읽었다면 책장을 다시 정리했는지, 옷을 옷걸이에 걸었는지 점검한다. 이 습관은 정리가 '노력'이 아니라 '생활'로 자리 잡게 만든다.

넷째, 동선을 고려해 자리 정하기

물건을 제자리에 두려면 그 자리가 합리적이어야 한다. 열쇠와 지갑은 현관 옆 지정된 트레이에 보관하거나, 세탁 후 자주 입는 옷은 옷장 중간에 걸어두면 더 쉽게 제자리를 유지할 수 있다.

물건을 쓰고 제자리로 돌려놓는 습관은 시간과 에너지를 아끼는 기술이며, 공간을 효율적으로 활용하고 심리적 안정감을 얻는 강력한 방법이다. 아주 적은 노력만으로도 공간은 정돈된 상태를 유지하고, 삶은 점점 더 가벼워질 것이다.

정리를 잘하는 사람과 그렇지 않은 사람의 차이는 대단한 기술이 아니라 이 작은 습관을 실천하는지 여부에 있다. 오늘부터 물건을 사용한 후 딱 3초만 투자해보자. 그 3초가 공간과 일상을 완전히 바꿔놓을 것이다.

재고 파악만 잘해도 관리가 쉬워진다

정리한 공간을 유지하려면 단순히 물건을 깔끔히 두는 것을 넘어 현재 내게 무엇이 있는지 파악할 필요가 있다. 정돈의 가장 큰 적은 이미 물건이 있다는 사실을 잊어버리는 것이다. 재고만 제대로 관리해도 물건이 넘쳐나 혼란스러워지거나, 중복 구매로 공간이 낭비되는 일을 막을 수 있다. 재고 관리는 공간을 효율적으로 활용하고 정리 상태를 장기적으로 유지할 수 있는 가장 확실한 방법이다.

재고 관리를 잘하면 중복 구매가 눈에 띄게 줄어든다. 이미 같은 물건이 있다는 사실을 모르고 또 구매한 적이 있지 않은가? 물건을 파악하지 못하면 이런 실수를 반복한다. 재고를 명확히 알면 필요 없는 소비를 줄이고, 물건들이 쌓이는 것을 방지할 수 있다. 어떤 물건이 많거나 부족한지 알기에 공간 배치를 최적화하고, 물건의 적재적소를 쉽게 정할 수 있다.

물건이 많으면 정리에 대한 부담도 커진다. 하지만 재고를 미리 관리하면 물건의 양을 조절하고, 정리로 시간을 허비하지 않게 된다. 재고 관리를 실천하는 방법을 소개한다.

'내가 가진 물건'을 정리하고 기록하기

재고 관리는 소유하고 있는 물건을 '한눈에 볼 수 있는 상태'로 만드는 것에서 시작된다. 카테고리별로 모아 어떤 물건이 얼마나 있는지 파악한다. 수량과 상태를 확인해 불필요하거나 낡은 것은 정리한다. 자주 쓰는 물건, 가끔 쓰는 물건, 거의 안 쓰는 물건으로 구분하여 공간을 재배치한다.

정기적으로 재고 점검하기

재고 관리의 핵심은 꾸준함이다. 한 달에 한 번씩 물건의 상태와 수량을 점검한다. 주방, 욕실, 옷장 등 영역별로 점검 주기를 나눠도 좋다. 식료품, 화장품, 세제 같은 소모품은 유효기간과 수량을 주기적으로 확인해 필요한 만큼만 보관한다.

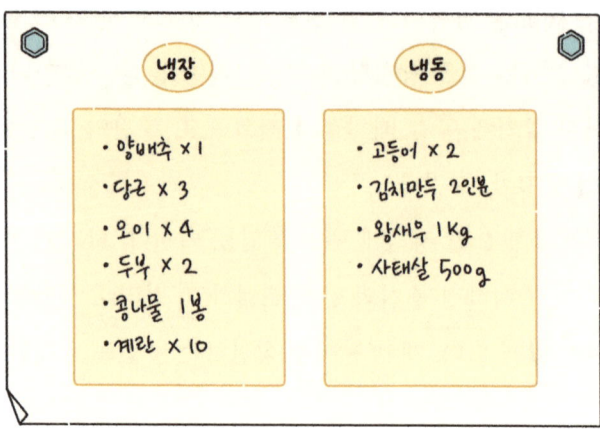

물건의 위치와 용도를 명확히 하기

재고를 잘 관리하려면 물건이 어디에 있는지, 어떤 용도로 쓰는지 한눈에 알아야 한다. 수납함, 서랍, 선반에 라벨을 붙여 어떤 물건이 들어 있는지 표시한다. 같은 종류의 물건은 한곳에 모아 보관한다. 문구류, 양념류, 세면용품을 각각 따로 보관하면 찾기 쉽다.

디지털 도구 활용하기

식재료, 화장품, 소모품 등은 노션Notion, 스프레드시트 등 관리 앱을 사용해 기록할 수 있다. 식료품 소비기한, 화장품 사용 시작 날짜를 기록해 적정 수량을 유지하자. 디지털이 불편하다면 간단한 종이 체크리스트로 물건의 종

류와 수량을 정리한다.

구매 전에 점검하는 습관

재고가 명확하면 새로운 물건을 구매하기 전에 꼭 필요한지 확인하는 습관이 생긴다. '이 물건이 이미 집에 있는가?', '지금 꼭 필요한가?'라는 두 가지 질문만으로도 불필요한 소비를 크게 줄일 수 있다.

물건의 양을 일정하게 유지하면 공간에 여유가 생기고 관리도 훨씬 쉬워진다. 재고 관리는 물건이 많아져 정리가 어려워지기 전에 예방하는 방법이다. 재고 관리로 중복 구매를 줄이고 불필요한 소비를 막아 돈과 시간을 아끼자. 특히 소모품처럼 정기적으로 사용하는 물건을 파악하면

대량 구매나 할인 상품을 효율적으로 활용할 수 있다.

재고 관리는 공간과 물건에 대한 주도권을 되찾는 일이다. 내가 가진 물건을 정확히 알고 필요한 것만 소유하며 관리하면 공간은 더 이상 어지러워지지 않고 깔끔한 상태로 유지된다. 재고 관리라는 작은 실천이 큰 변화를 만들어낼 수 있다.

정리된 삶을 위해 소비 습관을 리셋하자

정리의 마지막 단계는 물건을 과도하게 들이지 않는 것이다. 물건을 줄이고 정리 상태를 유지하려면 소비 습관을 근본적으로 바꿔야 한다. 정리한 공간이 오래 지속되지 않는 이유 중 하나는 지나친 소비로 물건이 다시 공간을 채우기 때문이다. 물건이 늘어나는 것을 막고 필요 없는 소비를 줄이는 것은 공간을 유지하는 것은 물론 삶의 방향을 다시 설정하는 일이다.

왜 소비 습관을 개선하면 정리에 도움이 될까? 첫째, 물건이 줄어들어 정리에 대한 부담도 줄어든다. 더 많은 물건은 더 많은 정리를 요구한다. 물건이 늘어나면 공간이 부족해지므로 끝없이 새로운 수납 방법을 찾아야 한다.

둘째, 공간의 질서와 균형을 되찾는다. 충동적으로 구매한 물건들은 공간을 어지럽히는 주범이 된다. 불필요한 소비를 줄이기만 해도 공간은 깔끔하게 유지될 것이다.

셋째, 삶의 초점이 물건에서 벗어난다. 우리는 물건이 아니라 경험과 가치를 중심에 두는 삶을 선택할 수 있다.

오래된 소비 습관을 개선할 수 있는 몇 가지 방법을 제안한다.

구매 전에 '진짜 필요한가?' 질문하기

구매를 결정하기 전에 스스로에게 질문을 던져보자. 정말 필요한지, 이미 비슷한 물건이 있지는 않은지 확인한다. '언젠가 쓸지도 모른다'라는 이유로 구매하지 않는다. 단순히 좋아 보여서 사는 물건은 방치할 가능성이 크다.

구매 후 일시 정지

구매 전에 정지 기간을 설정하면, 물건을 구매한 뒤 다른 유사한 소비를 자동으로 제한할 수 있다. 새 옷 한 벌을 구매하면 30일 동안 다른 옷을 구매하지 않거나, 새 전자 기기를 산 후 2~3개월 동안 관련 기기나 액세서리를 추가 구매하지 않는 것이다. 주방용품을 새로 샀다면 1개월 동안 주방용품 구매를 멈춰보자. 구매 후 일시 정지 기간에는 물건의 활용도를 평가한다. 이 과정에서 현재 소유한 물건이 진정 필요한지, 삶에 얼마나 가치를 더했는지를 돌아볼 수 있다. 다음 질문을 던지면 도움이 될 것이다.

"이 물건을 얼마나 자주 사용하고 있는가?"
"이 물건이 기존 물건들과 얼마나 잘 어울리는가?"
"다시 구매한다면 이 물건을 선택할 것인가?"

정지 기간에는 소비 대신 다른 활동으로 관심을 돌린다. 소비 욕구를 분산시키고, 소비 대신 경험에 집중할 수 있다. 옷을 새로 샀다면 기존 옷과 새로운 조합으로 스타일링해보며 시간을 보낸다. 주방 도구를 샀다면 새로운 요리법을 시도한다. 책을 샀다면 그것을 읽는 동안 다른 책 구매를 멈춘다.

쇼핑 유혹 줄이기

소비에 대한 유혹을 스스로 통제하는 방법도 중요하다. 곧바로 구매하지 말고 며칠 뒤 다시 생각해보고 필요 여부를 판단하는 것이다. 특히 할인 상품을 경계하는 것이 중요하다. 세일한다는 이유만으로 구매하지 말고, 진짜 필요한지 따져보자. 쇼핑 리스트를 만들어두고, 리스트에 없는 물건은 구매를 자제한다.

대체 가능한 방법 찾기

물건을 구매하기 전에, 대체할 방법이 있는지 생각해보자. 한 번 사용하고 끝날 물건은 주변에서 빌리는 것이 효율적이다. 캠핑 장비 같은 물건은 필요할 때만 대여해 사용하는 것도 좋은 방법이다. 간단한 물건은 직접 만들어 사용하자. 공간과 자원을 절약하는 습관이 생긴다.

소비 기록과 점검

소비 습관을 개선하려면 무엇을 구매했는지 파악하는 것이 중요하다. 한 달간의 소비를 기록하고, 불필요한 소비 항목을 분석하자. 월간 소비 점검을 통해 다음 달에 개선할 부분을 계획한다.

소비 습관을 개선하면 정리가 깜짝 놀랄 정도로 쉬워진다. 물건의 흐름을 통제해서 필요하지 않은 물건이 집 안에 들어오는 것을 막는 것만으로도 공간을 유지하는 부담이 크게 줄어든다. 물건을 사는 데 너무 많은 에너지를 쓰는 대신 더 가치 있는 경험이나 목표를 위해 시간을 투자하자. 소비와 물건을 줄이는 것은 단지 공간을 비우는 일이 아니다. 삶을 더 본질적이고 단순하게 만드는 일이다. 오늘부터 소비 습관을 리셋해보자. 일상의 변화가 공간과 삶을 바꾸는 경험을 하게 될 것이다.

공간과 함께 성장하는 정리 루틴

공간은 살아 있는 것처럼 우리의 삶과 함께 변화한다. 생활 방식, 가족 구성, 취향, 취미에 따라 필요한 물건과 공간 활용법도 달라지기 때문이다. 정리 루틴은 이런 변화를 받아들이며 공간과 우리의 삶이 조화를 이루도록 돕는 과정이다. 공간을 유지하는 기술뿐만 아니라 삶을 정돈하고 성장시키는 습관을 키운다.

인생은 끊임없이 변한다. 인생 주기에 따라 새로운 물건이 생기고, 기존 물건이 필요 없어지기도 한다. 정리 루틴은 이러한 변화 속에서 공간을 효과적으로 관리하도록 도와준다. 시간이 지나면 아무리 잘 정리된 공간도 흐트러질 수밖에 없다. 작은 루틴을 꾸준히 실천하면 공간을 다시 정리하는 대규모 작업이 필요 없어진다. 효율적인 정리 루틴을 형성하는 방법을 소개한다.

매일 소소한 정리의 기쁨 누리기

하루 몇 분만 투자해도 충분하다. 1일 5분 정리법 또는 1일 10분 정리법을 실천하자. 하루를 시작할 때나 끝낼 때 주변을 돌아보며 물건을 제자리에 두고 정리한다. 작은 습관이 쌓이면 공간의 깔끔함이 유지된다. 물건을 사용한 즉시 제자리에 돌려놓는 습관은 추가적인 정리 시간을 줄이는 가장 효과적인 방법이다.

주기적인 점검과 정리로 관리하기

매일의 소소한 정리가 쌓이면 한 달에 한 번 정도는 더 큰 범위에서 물건과 공간을 점검하는 시간을 갖는다. 자주 쓰지 않는 물건이나 계절별 물건을 월 1회쯤 확인하고, 불필요한 물건을 비운다. 공간별로 한 번씩 돌아가며 정리의 완성도를 점검한다. 계절이 바뀔 때 계절에 맞지 않는 물건을 정리하고 새로운 계절에 맞는 공간을 준비한다.

물건과 공간의 상태를 업데이트하기

시간이 지날수록 물건의 역할이 달라지거나 더 이상 필요하지 않을 수도 있다. 이때는 정기적인 재고 정리가 도움이 된다. 소모품, 식료품, 의류 등의 상태를 정기적으로 점검하여 낭비를 줄인다. 공간 배치를 재조정하는 것도 좋은 방법이다. 새로운 물건이 생기거나 생활 패턴이 바뀌었다면 공간 배치를 조정하자.

가족과 함께하는 정리 루틴 만들기

정리 루틴은 가족 모두가 함께 실천해야 지속될 수 있다. 가족 구성원이 각각 맡은 공간을 정리하도록 분담한다. 주말이나 저녁에 온 가족이 함께 짧은 시간 동안 정리를 실천해보자.

처음부터 모든 공간을 완벽히 정리하려고 들면 기운만 빠진다. 소소한 정리부터 시작하자. 정리 후에는 깔끔해진 공간을 사진으로 기록해둔다. 유지하려는 동기가 생길 것이다. 매일, 매주, 매월 정리하는 시간을 정해두면 정리 루틴이 생활 속에 자연스럽게 스며든다.

루틴이 한 번 흐트러졌다고 포기하기엔 이르다. 정리는 완벽하지 않아도 괜찮다. 다시 시작하면 된다. 정리 루틴은 우리의 삶을 끊임없이 더 나은 방향으로 나아가게 만든다. 작은 습관에서 시작된 정리 루틴은 시간이 지날수록 더 큰 변화를 만들어낼 것이다. 매일의 작은 정리, 주기적인 점검, 생활 패턴에 맞춘 공간 재조정을 통해 공간은 점점 더 편리하고 아름답게 바뀔 것이다. 정리는 삶과 함께 성장하는 과정이다.

4장

**집의 시간과
삶의 시간을 맞춘다**

Keep It   Leave It   Cherish It

"삶의 후반기로 갈수록 사람이 남기는 건
물건이 아니라 삶의 태도다.
나를 아는 사람들이 '저 사람은 깔끔했지'가 아니라
'참 잘 살았지'라고 말하는 게 더 좋지 않을까.
그렇기에 인생 후반에는 어떻게 줄일까보다
무엇을 남길까를 고민해야 한다.
남겨진 물건은 어차피 누군가 치운다.
하지만 남겨진 삶의 태도는 사람들의 기억으로 남는다.
버리는 일이 아니라 제대로 남기는 것,
그게 바로 정리의 마지막 목적이다."

인생 주기에 맞춘
정리가 필요한 이유

라이프 시프트에 맞춰 정리도 달라진다

정리는 공간의 역할을 다시 정의하는 일이다. 말만 거창한 게 아니라 실제로 그렇다. 사람이 변하면 공간도 바뀌어야 하는데 많은 사람이 거꾸로 끌고 간다.

예를 들어 독립을 앞둔 스물다섯 청년의 방, 아이 키우는 서른다섯 엄마의 거실, 퇴직을 앞둔 예순의 서재는 역할이 다르고, 필요가 다르다. 그런데 공간은 여전히 그대로인 경우가 많다. 삶이 바뀌었는데 집은 안 바뀐 것이다. 어색하고 불편하고, 결국은 방향을 잃는다. 정리를 미루는 원인은 게을러서가 아니라 지금의 나를 인정하지 못해서다. 과거에 멈춰 예전의 자신을 붙들고 살아가는 셈이다.

어릴 때 공부하던 책상이 아직도 방 한쪽에 남아 있다면 그건 더 이상 '책상'이 아니다. 기억을 붙잡고 있는 덩어리일 뿐이다. 예전엔 거기 앉아 문제집을 펼쳤다. 지금은 고지서, 병원 영수증, 안 쓰는 리모컨만 쌓여 있다. 책상이 아니라 정서적 짐 보관소다. 공간은 사람이 살아가는 방식에 맞춰 다시 짜야 한다. 순서를 거꾸로 생각하면 안 된다.

'내가 변했으니 공간도 바꿔야지.'

이게 맞다. 그런데 현실은 '공간이 그대로니까 나도 거기에 맞춰 계속 그렇게 살아야 할 것처럼' 느낀다. 가장 위험한 착각이다. 삶이 바뀌었는데, 그걸 집이 방해하고 있는 셈이다. 정리는 그 방해를 끊어주는 작업이다. 과거와 지금 사이의 불필요한 연결을 정리하고, 지금의 나한테 맞는 무게로 공간을 다시 짜는 일이다.

삶을 조율하는 기술

라이프 시프트는 우리에게 한 가지를 요구한다. 쓸모를 다시 정의하라는 것이다. 결혼하면 독립된 두 삶이 하나로 합쳐진다. 그러면 자연스럽게 중복되는 물건이 생긴다. 옷, 책, 컵, 수건, 이불 모두 두 벌씩이다. 문제는 여기서부터다. "나중에 입을 거야", "이건 내 취향이니까 건드리지 마"와 같은 말이 쌓이면 그 집은 협상 테이블이 아니라 감정 폭탄이 터지는 지점이 된다.

정리가 문제일까? 아니다. 같이 사는 방식을 조율하는 법을 모르는 것이다. 정리는 공간에 대한 싸움이 아니라 조화로운 생활 방식을 위한 합의다. 서로 다르다는 걸 인정하고, 어떻게 맞춰갈지 방식을 정하는 일인 것이다.

그래서 정리를 못 하면 싸운다. 정리가 아니라, 살아가는 감각이 충돌하기 때문이다. 출산은 또 한 번의 큰 전환점이다. 그전까지 거실은 커피 테이블, 책, 소파 중심의 공간이다. 그런데 아이가 태어나는 순간부터 거실은 '살아 움직이는 물류 창고'가 된다. 기저귀, 장난감, 아기 의자, 택배 상자 등 모든 게 아이 중심이 된다.

그러나 진짜 문제는 다음이다. 아이가 다 컸는데 그 많은 물건이 아직도 자리를 지키고 있다. 왜일까? 제 역할이 끝났다는 걸 인정하지 않아서다. 정리의 첫걸음은 "이건 끝났다"라고 말할 수 있어야 시작된다. 물건이 아니라 시간의 종료를 받아들이는 감각이 먼저 와야 한다. 삶의 단계가 바뀔수록 역할은 늘어난다. 일상은 더 복잡해지고, 관리해야 할 것도 많아진다. 그래서 유연함이 필요하다. 정리는 유연함에 관한 기술이다. 키가 크면 옷을 갈아입어야 한다. 삶도 마찬가지다. 예전 삶에 맞춰 입었던 구조와 물건이 이제 맞지 않는다면 벗어야 한다. 정리는 작아진 삶의 옷을 지금 내 사이즈에 맞게 다시 입는 일이다. 잘 벗어야 잘 입는다.

정리란 결국 과거를 벗고 현재를 입는 감각이다. 사람들은 공간은 고정된 것이라고 착각한다. 하지만 공간은 늘 다시 써야 하는 무대다. 시나리오가 바뀌었는데 세트가 그대로면 연기를 아무리 잘해도 어색하다. 조명이 예전 그대로, 소품도 그대로인데 지금 다른 이야기를 하려고 한다면 그건 삶이 아닌 연기다. 인생이 달라지면 무대도, 배치도, 도구도 바뀌어야 한다. 그래야 지금의 시간을 제대로 살아낼 수 있다.

몇 번을 다시 시작해도 괜찮다

인생을 살다 보면 '다시 시작해야 하는 순간'을 몇 번은 맞는다. 독립, 결혼, 출산, 퇴직, 이사, 상실. 무슨 이유에서든 삶은 갑자기 방향을 바꾼다. 문제는 이 변화가 예고 없이, 생각보다 빠르게 찾아온다는 점이다. 그 순간 필요한 건 예쁜 수납장도, 비싼 정리용품도 아니다. 지금의 삶에 맞춰 공간을 다시 짜는 감각이다.

정리를 못 하는 사람들의 공간엔 이전 생애 주기의 흔적이 그대로 남아 있는 경우가 많다. 아이는 성인이 되어 독립했는데 방에는 유아기 장난감이 그대로고, 은퇴한 지 1년이 넘었는데 거실에는 아직 출퇴근 가방이 놓여 있다.

삶은 이미 다음 장으로 넘어갔는데 공간은 페이지를 못 넘긴 채 예전 이야기에 멈춰 있는 셈이다.

그래서 생기는 어긋남은 어찌할 것인가. 지금을 살고 있다고 착각하지만 행동은 여전히 과거에 맞춰져 있다. 그 간극이 계속되면 결국 사람은 자신이 어디쯤 와 있는지 모르게 된다.

"바쁜데 뭘 한 건지 모르겠어요."

"퇴직이 다가오는데 준비가 된 건지 모르겠어요."

이 말들은 준비가 없기 때문에 나오는 것이 아니다. 지워내지 않은 게 너무 많아서다.

퇴직을 앞둔 60대 윤석 씨의 서재에는 서류 가방이 여러 개 있었다. 서랍엔 퇴사한 직원들 명함이 한가득 쌓여 있었고, 예전 거래처 자료도 수북했다. 발표가 끝난 PPT 인쇄본도 서랍마다 정리되어 있었다.

겉보기엔 깔끔했지만, 이미 끝난 역할을 계속 붙잡고 있었다. 퇴직 준비는 새로운 걸 채우는 일보다 이전 정체성을 내려놓는 게 먼저다. 서랍을 비운다고 인생이 바뀌진 않는다. 하지만 적어도 다음 삶을 앉힐 자리는 생긴다.

생애 후반기로 갈수록 정리는 더 주체적인 일이 된다. 자녀가 떠났다면 '보호자 역할'도 내려놔야 한다. 이제 남이 아니라 '나를 위한 삶'을 공간의 중심에 둬야 한다.

그런데 그게 잘 안되는 이유는 간단하다. 예전 물건이

너무 많기 때문이다. 물건이 자리를 차지하면 삶은 중심을 잃는다. 정리는 이 시기에 자기를 되찾는 도구가 될 수 있다. 정리는 '언젠가 할 일'이 아니다. 지금 내가 어디에 서 있는지, 앞으로 어디로 가야 할지를 확인하는 기준이다.

　삶의 주기는 계속 바뀐다. 그 흐름에 맞춰 공간도, 물건도, 생각도 같이 바뀌어야 한다. 그래야 변화에 끌려가지 않고 스스로 방향을 잡을 수 있다. 정리를 두려워하지 말자. 정리는 물건을 무작정 버리는 것이 아니다. 쓸모없는 역할을 놓고, 지금의 삶에 나를 맞추는 연습일 뿐이다. 나이 듦은 정지된 상태가 아니라 계속 새로워지며 변화하는 과정이다.

독립: 처음으로 나만의 공간을 갖게 될 때

최소한으로 시작하는 정리법

독립은 설렘과 불안을 동시에 안기는 이벤트다. 더 이상 누군가가 정리해주지 않는 공간, 필요한 모든 것을 스스로 마련해야 하는 구조 속에서 처음으로 '살림'이라는 세계에 진입한다. 이때 흔히 하는 실수가 있다. '미리 다 갖춰야 한다'라는 강박에 빠지는 것이다.

진강 씨는 대학 졸업 후 지방으로 취직하며 본가에서 독립했다. 진강 씨 어머니가 나의 오랜 고객이었기에 아들의 집도 부탁받았는데, 이사한 집에 가보니 실제로는 잘 쓰지 않을 것만 같은 물건들이 가득했다. 핸드 블렌더, 스팀다리미, 유리 밀폐 용기 세트까지, 자신이 필요하다고 생각한 물건보다 어머니가 챙겨주었을 법한 물건들이 더 많아 보였다. 독립할 때 필요한 정리의 기본은 무엇일까? '덜어내는 것'이 아니라 처음부터 '불필요한 것을 들이지 않는 것'이다.

처음 독립하는 사람에게 가장 필요한 정리법은 '최소한으로 시작하기'다. 삶이 어떻게 전개될지 아직 명확하지 않은 상황에서 공간을 꽉 채우는 것은 미래를 묶어두는 일과 같다. 살면서 어떤 리듬으로 생활하게 될지, 어떤 물건을 자주 쓰게 될지 알기 전까지는 공간을 유연하게 비워두는 것이 오히려 정리의 핵심이다.

예를 들어 큰 옷장을 먼저 들이지 않고 이동식 행거로 시작해보는 것이다. 필요하면 추가로 수납장을 살 수 있지만, 처음부터 큰 가구를 들이면 공간이 고정되어 유연하게 바꾸기가 어렵다. 책상도 마찬가지다. 바닥에 앉는 생활이 편한지, 의자에 앉는 게 익숙한지부터 경험하고 결정해도 늦지 않다. 젊은 친구들에게 정리에 대해 물어보면 공간을 예쁘게 꾸미는 것이라고 대답하는 경우가 많은데, 틀린 답은 아니지만 삶의 흐름에 맞게 공간을 맞춰가는 일이라고 생각하는 게 더 현명하다.

처음에 '최소한의 물건'으로 출발하면, 어떤 물건이 정말 필요한지 더 분명하게 보이고, 정리도 자연스럽게 따라오게 된다. 독립 초기의 공간은 '채우는 곳'이 아니라 '나를 알아가는 실험실'로 접근해야 한다. 무엇이 불편한지, 무엇이 필요한지 경험하며 몸으로 배우기 때문이다.

독립이란 자기 삶의 방식을 처음으로 설계하는 일이다. 그 설계를 자유롭고 유연하게 하기 위해서는 공간에 여백이 있어야 한다. 처음부터 완벽하게 채워진 집은 삶의 수정과 변화가 어렵다. 반면 비어 있는 공간이 많으면 언제든 삶의 방향에 맞춰 바꿀 수 있다.

필요보다 기능을 중심으로 물건을 선택한다

독립을 준비하는 사람들은 '뭐가 필요하지?'라는 생각을 자주 할 것이다. 냄비는 몇 개가 필요할까, 의자는 있어야 할까, 커튼은 지금 사야 할까 등 '필요한지 아닌지'의 여부만으로 물건을 고르려 한다. 문제는 그 '필요'라는 기준이 막연하다는 점이다. 그래서 독립 초기의 집은 의외로 '필요하다고 생각해서 산 것들'로 가득 찬다. 하지만 막상 살아보면 쓰지 않는 물건이 더 많다.

독립을 결정했다면 '필요'라는 정서적 기준이 아니라 '기능'이라는 현실적 기준으로 물건을 선택하는 게 좋다. 중요한 건 그 물건이 공간 안에서 실제로 어떤 역할을 하느냐. 의자가 정말 필요한지 고민하기 전에 동선이나 생활 습관을 생각해보자. 식탁과 의자가 있어도 거실 테이블에서 주로 밥을 먹으면 테이블이 온갖 물건을 올려놓는 만물상으로 전락할 위험이 크다. 물건이 일상에서 어떤 기능을 하는지 생각하지 않으면, 공간을 차지하는 애물단지로 남는다.

기능 중심의 물건을 고르기 어렵다면 '자주 쓰는 물건인가', '관리가 쉬운가', '쓰임이 명확한가'라는 세 가지 질문을 던져보자. 필요한 물건이라고 생각해도 세트로 한꺼번에 사는 것보다 한 가지씩 사는 게 좋다. 예를 들어 조리도구를 사야 할 때 써보지 않은 물건을 세트로 들이는 것보다는 요리 습관에 맞는 것 하나만 먼저 써보는 것이다. 조명도 자주 앉을 자리가 어디인지 파악한 뒤 그 위치에 맞는 것을 고르는 게 더 현명하다. 물건이 많을수록 정리할 일만 늘어나고, 잘 쓰지 않는 물건은 방해가 된다.

'필요하니까' 샀지만 기능하지 못하는 대표적인 예는 수납용품이다. 독립하면서 이것저것 정리하려고 바구니, 서랍 정리함, 접이식 박스를 한꺼번에 들이는 경우가 많다. 하지만 수납은 물건의 양이 정해지고 나서야 의미가 있다. 물건이 적을수록 수납이 쉬워지고, 수납이 쉬우면 정리는 덜 필요해진다. 그래서 수납용품이 공간을 복잡하게 만들기도 한다.

또 하나 주의할 점은 물건의 '의도된 용도'에 얽매이지 않는 것이다. 예를 들어 신발장에는 꼭 신발만 넣어야 한다는 고정관념에서 벗어나자. 자주 쓰는 청소용품이나 장보기 가방을 넣는 수납장으로 바꿔도 괜찮다. 공간과 물건의 기능은 생활 방식에 따라 재구성할 수 있어야 한다.

독립 이후의 삶은 여전히 '형성 중'이다. 고정된 틀보다는 유연한 구조가 필요하다. 그래서 물건을 선택할 때는 '이게 필요한가'에서 한 발 더 나아가 '이 물건이 나에게 어떤 역할을 해줄 수 있는가', '없어도 괜찮은가'라고 묻는 습관이 중요하다. 기능 중심으로 물건을 선택하고 정리하면 공간이 덜 복잡해지고, 물건 하나하나가 일상을 서포트하는 존재가 된다.

비우는 습관을 디폴트값으로 만들자

독립하면 처음부터 많은 것을 혼자 선택해야 한다. 어떤 침대를 살지, 냉장고는 어느 정도 용량이 좋을지, 화장실 선반 위엔 뭘 둘지까지. 하지만 선택하는 법을 배우기도 전에 '가져야 할 것들'의 목록부터 접하는 경우가 많다. 블로그와 유튜브, 쇼핑몰의 '자취 필수템 리스트'는 독립할 시기를 맞아 갖춰야 할 물건을 친절하게 알려주지만, 그 물건을 나중에 어떻게 떠나보낼지에 대해서는 아무 말도 하지 않는다.

그래서 독립 초기에는 '채우는 습관'보다 먼저 '비우는 감각'을 디폴트로 설정해야 한다. 살다 보면 물건은 자연스럽게 생긴다. 사람을 만나고, 취향이 생기고, 실패도 하는 과정에서 생긴 '흔적'이 물건이 된다. 문제는 흔적이 쌓이는 속도는 빠른데, 그걸 없애는 감각은 훈련되지 않은 채로 방치된다는 것이다. 비우는 습관이 없는 사람에게는 '버릴 수 없는 이유'만 늘어난다.

'비싸게 주고 샀으니까', '언젠가 필요할지도 몰라서', '이건 추억템이니까' 등은 처음에는 전부 타당해 보이지만 시간이 지나면 물건을 붙잡는 핑계가 될 뿐이다.

중요한 건 비우는 방법이 아니라, 비우는 것을 '기본값'으로 만드는 마음가짐이다. 자취방에서 컵라면을 먹고 남은 나무젓가락이나 일회용 플라스틱 숟가락이 점점 서랍을 차지하고 있다고 하자. 처음엔 쓸 일이 있을지도 모른다고 생각하지만, 한두 달이 지나도 손이 가지 않는다면 그건 필요 없는 물건이다. 그런데 버리기가 은근히 어렵다. 이유는 단순하다. 처음부터 '버려도 괜찮다'라는 감각이 세팅되지 않았기 때문이다.

그래서 독립 초기에는 물건을 들이는 것보다 물건을 '보내는 경험'을 더 많이 해야 한다. 예를 들면 자주 쓰지 않는 컵을 하나 빼본다. 입지 않는 셔츠 한 장을 정리한다. 고장 난 충전 케이블을 버린다. 이런 작은 경험을 쌓으면 비우는 일이 손해나 실패가 아니라, 살면서 계속 필요한 감각이라는 것을 체득한다. 물건이 쌓이는 속도만큼 공간이 여유롭지 않기에 '비우기가 기본'이라는 디폴트를 미리 심어두는 것이 중요하다.

이 습관이 자리 잡으면 이사, 결혼, 육아, 퇴직 등 인생의 전환점을 맞이했을 때도 물건에 휘둘리지 않고, 공간을 삶에 맞게 유연하게 조정하는 힘이 생긴다.

정리는 잘하는 사람이 따로 있는 게 아니다. 비우는 감각이 일상에서 자동으로 작동하게 만든 사람이 있을 뿐이다. 독립의 첫 단계에서 가장 중요한 정리법은 수납법이 아니다. 무엇을 갖추느냐가 아니라 무엇을 갖추지 않아도 괜찮을지를 먼저 묻는 것이다. 그 질문이 인생의 첫 번째 공간을 쾌적하면서도 자유롭게 만들어줄 것이다.

결혼: 두 사람의 물건이 한 공간에 모일 때

중복되는 물건부터 정리하기

결혼은 두 사람이 한 공간에서 함께 사는 일이다. 두 가지 삶의 방식과 두 가지 물건의 세계가 충돌하고 조율되는 일이다. 신혼집을 꾸밀 때 사람들은 '무엇을 새로 살지'에 초점을 맞추지만, 가장 먼저 부딪히는 건 가지고 온 물건이 겹칠 때 생기는 갈등이다.

예를 들면 블루투스 스피커가 두 개, 컵은 10개가 넘고, 수건은 수십 장이다. 침구류는 색깔도 스타일도 다르고, 옷장은 이미 포화 상태인데 서로 "버릴 수 없어"라고 주장한다. 이쯤 되면 '우리 집'이 아니라 '두 개의 자취방이 합쳐진 공간'처럼 보인다.

30대 초반의 해린 씨와 현우 씨는 결혼과 동시에 오피스텔에서 신혼살림을 시작했다. 둘 다 독립생활 경험이 있어서 기본 살림을 꽤 갖추었고, 각자의 물건에 대한 애착도 컸다. 문제는 함께 살기에는 이 물건들이 지나치게 '중복된 기능'을 갖고 있었다는 것이다.

해린 씨는 요리를 자주 해서 본인만의 조리도구 세트를 고집했고, 현우 씨는 커피를 즐기는 취향에 맞춰 드립 세트와 전용 잔들을 챙겨 왔다. 둘 다 각자의 물건을 중요하게 생각하다 보니 "이건 왜 또 사 왔어?", "그건 왜 못 버려?"라는 말이 자주 오갔다.

정리를 의뢰받은 날 나는 두 사람과 함께 거실 한가운데에 상자를 놓고 '겹치는 물건 한꺼번에 꺼내보기'를 시도했다. 칼 4자루, 체중계 2개, 멀티탭 3개, 우산 6개, 도시락통 7세트 등이 나왔다. 보는 순간 누가 먼저랄 것도 없이 웃음이 터졌다.

"결혼만 했지, 같이 살 준비가 덜 된 것 같네요."

현우 씨가 머리를 긁적이며 겸연쩍은 표정을 지었다. 우리는 겹치는 물건을 '기능' 중심으로 평가하고 하나만 남기기 시작했다. 중복된 물건을 정리하는 가장 좋은 방법은 '취향'보다 '역할'과 '사용 빈도'를 기준으로 선택하는 것이다. 예를 들어 기능이 같은 가전제품이 두 대 있다면 디자인보다 고장 확률, 전기 효율, 사용 편의성 등을 비교해 더 잘 맞는 쪽을 남긴다. 그리고 감정적으로 애착이 있는 물건이더라도, 실제로 자주 쓰지 않는다면 과감하게 빼는 용기가 필요하다. 이때 중요한 건 누가 더 많이 버리느냐, 누가 더 맞추느냐가 아니라 '함께 살기 위해 어떻게 공간을 최적화할 것인가'라는 관점을 공유하는 것이다. 중복되는 물건을 정리하는 일은 두 사람이 새로 만들어갈 공간의 기준을 세우는 첫 단추이기 때문이다.

정리 과정에서 생기는 갈등은 오히려 서로의 생활 리듬과 우선순위를 이해하는 기회가 된다. 어떤 물건을 포기하지 못하는지를 보면 그 사람이 어떤 방식으로 자신을 지켜왔는지가 드러난다. 그러니 중복되는 물건을 고를 때는 무엇을 남길지보다 무엇을 어떻게 함께할지를 이야기하는 시간으로 바꾸는 게 좋다. 결혼은 두 사람이 짐을 합치는 일이 아니다. 두 사람이 살아갈 공간을 새로 정의하는 일이다. 신혼집 공간 정리는 겹쳐진 물건을 하나씩 꺼내보는 작은 정리에서부터 시작해보자.

서로의 정리 스타일 조율하는 법

정리는 의외로 성격을 드러낸다. 어떤 사람은 쌓아두고 나중에 한꺼번에 정리하는 편이고, 어떤 사람은 쓰자마자 바로 제자리에 두어야 마음이 편하다. 혼자 살 때는 이 정리 방식이 문제가 되지 않는다. 하지만 결혼 생활에서는 이 차이가 더 자주, 더 민감하게 드러난다.

결혼 3년 차 동갑내기 부부 수연 씨와 동혁 씨의 집을 정리했을 때의 일이다. 두 사람 모두 디자이너였고 집을 사무실로도 쓰고 있었다. 수연 씨는 물건을 바로바로 정리하지 않으면 마음이 흐트러지는 스타일이었다. 반면 동혁 씨는 사용한 물건을 한꺼번에 정리하는 '몰아서 치우기' 타입이었다.

초반엔 서로 이해하려고 했지만, 어느 날 동혁 씨가 아침에 바쁘게 미팅을 나가면서 옷을 벗어 의자에 툭 걸쳐둔 것이 도화선이 되었다. 수연 씨는 하루 종일 그 셔츠 하나가 눈에 밟혔고, 저녁이 되자 쌓인 감정이 결국 폭발했다.

"난 남편이랑 사는 게 아니라, 정리 진짜 못하는 룸메이트랑 사는 기분이야."

이 말에 상처받은 동혁 씨는 억울해했다.

"그게 그렇게까지 큰일이야?"

이처럼 충돌하는 정리 스타일은 단순히 청소 문제를 넘어서 상대방의 생활 태도를 판단하는 기준이 되어버리기 쉽다. 서로를 이해하며 정리 스타일을 맞추지 못하면 하루하루가 지옥으로 변할 수도 있다. 정리 스타일을 맞춘다는 게 뭘까? '살림하는 방식'을 맞춘다는 것일까? 그보다 훨씬 범위가 큰 일이다. '관계의 균형'을 만들어가는 과정이기 때문이다.

　서로 다른 정리 감각을 조율할 때 가장 먼저 필요한 것은 누가 맞고 누가 틀렸는지를 따지지 않는 태도다. 정리는 정답이 있는 행위가 아니다. 그 사람의 성격, 리듬, 심리적 안정감까지 영향을 미치는 민감한 부분이다. 두 사람의 갈등을 인지하고 정리 전문가로서 내가 먼저 한 일은 '자신이 편한 방식'이 아니라 '둘이서 유지할 수 있는 방식'을 함께 찾아가도록 하는 것이었다.

　정리 스타일이 다른 부부에게 효과적인 방법이 있다. 가장 자주 사용하는 생활 동선부터 정리 기준을 공유하는 것이다. 현관에 들어와 신발을 벗고 가방을 어디에 두는지, 식사를 마친 후 식탁을 어떻게 정리할 것인지 같은 작은 루틴을 함께 설정하는 것이 좋다. 작은 약속들이 쌓일수록 정리 기준에 대한 충돌이 점차 줄어든다.

　또 하나 중요한 것은 각자의 '정리 민감도'를 존중하면서 서로의 기준에 '완벽하게' 맞추려 하지 않는 것이다. 수연 씨와 동혁 씨 부부를 위해 내가 제시한 솔루션은 각자의 성향을 반영한 '완충지대'를 만드는 것이었다. 동혁 씨의 옷이 하루 정도 놓여 있어도 괜찮은 의자 하나는 거실 한쪽에 남겨두되, 공용 공간인 거실 테이블과 싱크대는 항상 비워두는 식이었다. 두 사람은 몇 가지 기준을 스스로 만들 정도로 이 방식에 크게 만족했다. 이렇게 '양보할 수 있는 영역'과 '함께 지켜야 할 기준'을 구분하면 서로가 편해진다.

그동안 사사건건 싸우던 수연 씨와 동혁 씨는 정리를 통해 서로를 더 깊이 이해하게 되었다고 했다. 이렇듯 서로 다른 정리 스타일은 갈등의 원인이 아니라, 오히려 서로를 더 잘 이해하는 기회가 된다. 한쪽이 지나치게 정돈을 요구하고 한쪽이 늘 양보해야 한다면 정리는 공간을 위한 것이 아니라 불평등한 관계를 강요하는 일이 될 것이다. 중요한 건 '어떻게 치우느냐'가 아니라 '어떻게 같이 살아가느냐'를 고민하는 태도가 아닐까. 정리 스타일을 맞춰가는 일은 살림의 문제이자 관계의 기술이다. 그 기술을 익힐수록 두 사람의 공간은 더 안정적이고 따뜻해진다.

개인 공간 vs 공유 공간

결혼 후 공간 정리에서 가장 난이도가 높은 부분은 '공간의 경계'를 설정하는 일이다. 같은 집에 살지만, 모든 공간을 함께 쓰는 건 아니다. 문제는 그 경계가 명확하지 않을 때 생긴다. 누구의 것인지 애매한 물건, 함께 써야 할지 개인이 관리해야 할지 모호한 구역 등의 지점에서 자주 갈등이 발생한다.

거실 테이블 위에 놓인 무선 이어폰은 누구의 것인가?

욕실 선반에 늘어가는 스킨케어 제품은 누구 책임인가? 부엌 한쪽 서랍에 쌓여가는 영수증, 병뚜껑, 포인트 카드는? 이런 정체불명의 구역은 시간이 지날수록 공간의 질서를 무너뜨린다.

자주 사용하는 생활 동선의 정리 기준을 공유했다면, 그다음 할 일은 '공유 공간'과 '개인 공간'을 명확하게 구분하는 것이다. 우선 공간의 '소속'을 정한다. 공유 공간은 '함께 유지하기로 약속한 질서'를 기준으로 정리한다. 거실, 주방, 욕실, 현관처럼 함께 사용하는 공간은 둘 다 불편하지 않은 수준을 기준선으로 삼는 것이 중요하다. 식탁 위엔 항상 아무것도 올려두지 않기로 하거나, 세탁기 위엔 세제와 바구니 외엔 두지 않기로 합의하는 식이다. 공용 공간은 '기준을 명확히 하고, 그 기준을 둘 다 지키는 것'이 핵심이다.

반면 개인 공간은 각자의 방식과 감각을 존중할 수 있는 자유 구역으로 남겨야 한다. 정리 스타일이 다르다면 더욱 그렇다. 수연 씨는 깔끔한 책상을 좋아했지만, 동혁 씨는 창의적인 작업을 할 때 책상이 약간 어수선한 편이 오히려 집중이 잘되었다. 이때는 각자의 책상, 옷장, 서랍 등 사적인 구역은 간섭하지 않기로 합의하는 것이 갈등을 줄인다. 이런 '간섭 금지 존'은 단순한 물리적 공간이 아니라 심리적 존중의 장치가 되기도 한다.

물론 공간이 넉넉하지 않은 경우에는 완벽한 분리가 어렵다. 이때는 '용도별 공유' 방식도 효과적이다. 예컨대 욕실 선반은 '상단은 A, 하단은 B'가 아니라 '왼쪽은 일상용, 오른쪽은 여행용/비상용'처럼 기능 중심으로 나누는 것이다. 이렇게 하면 함께 사용하는 목적을 기준으로 정리할 수 있어 효율적이다.

　또 하나 유용한 방법은 '애매한 물건을 위한 바구니 한 칸'을 마련하는 것이다. 거실 서랍에 '이건 누구 거지?' 싶은 작은 물건들을 한데 모아두는 공간을 만들고, 일주일에 한 번씩 같이 확인하고 정리하는 루틴을 갖는다. 이런 '임시 보관 구역'은 혼란을 줄이고, 결정 유예를 시스템화하는 장치로도 유용하다.

　공간을 나눈다는 건 동선을 정리하는 일이기도 하지만 함께 사는 방식을 조율하고 서로의 감정과 경계를 존중하는 연습이다. 공유와 개인의 균형을 잘 맞추는 부부는 갈등 앞에서 싸우기만 하거나 회피하기보다 마주 보고 대화하는 시간을 가진다. 결혼은 끝없이 합치는 일인 동시에, 서로의 독립성을 지켜주는 정리의 기술이 필요한 공동생활이다. 서로의 영역을 존중하면서도 집 전체를 조화롭게 유지하려면 공간부터 관계까지 정리하는 방식도 함께 진화해야 한다.

육아기: 물건이 폭발적으로 늘어나는 시기

빠르게 순환하는 유아용품 정리: 루틴 만들기

육아기는 매일이 전쟁이고, 매일이 재정비다. 그중에서도 가장 압도적인 건 물건들의 양과 속도다. 태어난 지 얼마 안 된 아이 하나가 집 안에 들여오는 물건의 양은 믿기 어려울 만큼 많다. 기저귀, 물티슈, 수유용품, 턱받이, 속싸개, 겉싸개, 유축기, 젖병 소독기, 아기 침대, 바운서, 모빌, 장난감 등의 물건은 아이의 성장 속도만큼이나 유효기간이 짧고 변화가 빠르다.

 이 시기 부모들이 자주 겪는 현상이 있다. 거실이 유아 매트로 덮이고, 바구니는 장난감으로 가득 차며, 소파 뒤에서는 분유 샘플과 기저귀 포장지가 굴러다니기 시작한다. 그리고 어느 순간 정리가 불가능한 상태를 '그냥 익숙한 일상'으로 받아들이게 된다. 정리보다 중요한 건 '살아남는 것'이라며 스스로 위로하지만, 쌓이는 물건은 부모의 체력과 멘탈을 깎아먹는다.

육아기에 필요한 정리는 '완벽한 청소'가 아니다. 빠르게 변하는 물건들을 따라가는 순환 루틴을 만드는 것이다.

연주 씨는 만 1세 아이를 둔 워킹맘이었다. 아이의 용품을 한꺼번에 사두는 것이 편하다고 생각해서 기저귀, 젖병, 유아 옷, 이유식 도구, 장난감을 미리 많이 구입하는 스타일이었다. 그 결과 몇 번 쓰지 못한 용품들이 여기저기 쌓이기 시작했고, 쓰지도 않은 물건을 계속 들고 다니며 정리하려다 지쳐버렸다.

지친 연주 씨를 위해 정리를 의뢰한 사람은 큰언니였다. 견적을 내기 위해 방문했을 때 연주 씨는 아이에게 밥 먹이는 일마저 힘들어할 만큼 지칠 대로 지친 표정이었다. 연주 씨의 큰언니는 막냇동생이 가여워 어쩔 줄 모르는 모습이었지만, 나는 단호하게 이야기를 꺼냈다. 지방에 사는 큰언니가 계속 도와줄 수도 없거니와, 한번은 연주 씨가 맞닥뜨려야 할 문제였기 때문이다.

연주 씨에게 물건을 살 때가 아니라 정리할 때 기준을 만드는 방식을 제안했다. 매달 한 번, 아이가 쓰지 않는 물건을 큰 상자에 모으고, 버릴 것과 물려줄 것, 남겨둘 것으로 분류했다. 기준은 단순했다. 3주 이상 쓰지 않았다면 '보류'였고, 다음 달까지도 쓰지 않으면 '정리'였다. 감정이 앞서는 물건은 사진으로 남기고, 실제 물건은 버리거나 나눠주거나 기부했다. 이렇게 정리 루틴을 만들자 육아 공간의 흐름이 훨씬 유연해졌다. 물건은 줄었지만 불편하진 않았고, 정리라는 행위가 무언가를 포기하는 게 아니라 공간을 돌보는 일이 되었다.

육아기 정리는 '쌓이면 치운다'라는 방식으론 감당이 안 된다. 아이의 성장과 함께 물건의 필요도 쓰임도 달라지기 때문이다. 이때 필요한 건 빠르게 순환되는 시스템이다. 첫째, 쓰는 것만 꺼내두고 나머지는 한 공간에 모아둔다. 둘째, 한 주기씩 점검하는 시간을 정해둔다. 셋째, 반복해서 구매하기 전에 지금 있는 물건을 먼저 체크한다. 넷째, 자신에게 물건을 주려는 사람에게 "괜찮아요. 지금은 충분해요"라고 말할 수 있는 용기를 가진다.

육아기에는 '나중에 정리해야지'가 통하지 않는다. 나중은 오지 않기 때문이다. 하지만 매일 조금씩 작게 순환시키는 루틴을 만들어두면 공간이 아닌 아이와의 시간에 집중할 여유가 생긴다. 육아기 정리의 목표는 완벽한 집이 아니라, 소중한 아이와의 삶이 중심이 되는 공간을 유지하는 것이다.

감정과 실용 사이: 추억의 물건 정리법

아마도 세상의 모든 부모는 아이의 물건을 단순한 물건으로만 생각하지는 않을 것이다. 첫 배냇저고리, 처음 물던 고무 젖꼭지, 처음 걸었던 보행기, 첫 생일에 입었던 드레스, 처음 그린 낙서 한 장까지 모든 것엔 '처음'이란 이름이 붙고, 부모에게는 기억과 감정이 깃든 상징물이 된다. 육아기 정리에서 가장 어려운 것도 '추억 물건'을 정리하는 일이다. 쓸모로만 판단하면 과감하게 비울 수 있어야 맞지만, 막상 손에 들면 망설이게 된다.

"얘가 크면 보여줄까?", "이건 꼭 간직해야 할 것 같아"라며 하나둘 보관하면 어느 순간 아이의 과거가 현재의 공간을 압도하고 만다.

이런 점은 평소 정리를 잘한다고 주변 지인들에게 인정받는 예진 씨도 예외가 아니었다. 내가 여러 가정의 육아기 공간 정리를 도우면서 느낀 공통점이 있다면 정리를 잘하는 부모도 추억이 깃든 물건 앞에서는 멈칫한다는 사실이다.

예진 씨 역시 첫째 아이가 태어났을 때 입혔던 옷과 병원 팔찌, 생후 백일 사진과 작은 신발을 보관하고 있었다. 하지만 초등학교에 들어간 아이에게 그 물건을 꺼내 보여주자 "이거 나야? 왜 이렇게 작아?"라고 웃고는 다시 관심을 두지 않았다. 이런 일이 반복되고서야 예진 씨는 깨달았다고 했다. 추억은 아이를 위한 게 아니라, 부모 자신의 감정과 연결된 기록이었다는 것을. 이것이 예진 씨가 정리를 결심한 큰 이유였다.

나와 예진 씨는 이야기를 나누며 남길 물건에 대한 기준을 세웠다. 상자 하나에 들어갈 만큼만, 중복되는 물건은 하나만, 형태보다 의미가 강한 것을 우선 선택하는 것이었다. 예진 씨는 손때 묻은 물건들 대신 아이 성장 앨범에 그 시절의 모습과 물건을 함께 담았다. 실물을 갖지 않아도 기억은 사라지지 않고 오히려 더 생생해졌다.

육아기 추억 물건을 정리할 때 가장 중요한 건 '감정을 지우는 것'이 아니라, '감정이 과잉되기 전에 경계를 정해두는 것'이다. 처음 입었던 옷은 남기되, 이후 사이즈별로는 사진으로 기록하고 실물은 기증하는 것도 좋은 방법이다. 아기 책은 아이가 좋아했던 몇 권만 남기고 나머지는 어린이 도서관에 기부한다. 아이 그림은 앨범에 스캔하거나 액자 하나에 교체 전시하는 방식으로 보존한다.

정리를 잘한다는 건, 자신의 감정을 존중하면서도 실용적으로 판단하는 힘을 갖는 것이다. 그 힘은 이 물건이 지금 '아이의 성장을 응원하는 기억'인지, 아니면 '내가 놓지 못한 과거'인지 스스로에게 묻는 데서 나온다. 추억은 남기기 위해서가 아니라 앞으로의 삶을 더 충실히 살아가기 위해 소중히 보관하는 것이 아닐까. 아이의 성장은 앞으로도 계속될 것이고, 그 속도를 따라가려면 과거는 기억으로 남기고, 공간은 현재를 위해 써야 한다. 아이와 함께 더 행복하게 살아가기 위해서라도.

아이와 함께 만드는 정리의 언어: 놀이형 정리 습관

육아기 정리의 어려움 중 하나는 정리를 해도 해도 끝나지 않는다는 것이다. 특히 아이가 조금 자라 움직이고 만지고 흩트리는 능력이 늘어날수록 부모는 '치워도 소용없다'라는 무력감에 빠진다. 부모가 모든 걸 '정리해놓기'보다 아이와 '정리를 함께 배우기'로, 결과보다 과정 중심으로 전환해야 할 때이다.

시작은, 아이를 방해자가 아니라 정리 동료로 받아들이는 일이다. 아이에게 정리는 어른이 생각하는 '정돈된 상태'가 아니라, 공간에 의미를 부여하는 방법이다. 블록이 책상 위에 펼쳐져 있으면 그건 아이에게 '아직 진행 중인 이야기'다. 그것을 일방적으로 치워버리면 아이가 스스로 만드는 세계를 강제로 중단시키는 것처럼 느낄 수 있다.

이때 필요한 것은 아이와 함께 사용할 수 있는 정리의 언어를 만들어가는 것이다. 말로 훈육하거나 지시하는 대신 정리를 하나의 놀이로 연결시키는 방식이다. 장난감을 색깔별로 정리하는 시간을 "파란색 집으로 돌아가볼까?"

라는 말로 시작하면, 정리는 놀이의 연장선으로 받아들여진다.

은호 씨는 네 살 아이를 키우는 싱글 대디였다. 그는 아이가 장난감을 치우지 않을 때마다 소리를 높이곤 했지만 효과는 늘 잠깐뿐이었다. 고민 끝에 내게 정리를 의뢰했고, 우리는 많은 이야기를 나누었다. 내가 제안한 방식은 아이가 좋아하는 동물 장난감을 정리하면서 각 동물의 '우리'를 종이 상자에 만들어주는 것이었다. 예를 들면 이런 방식이었다. 정리 시간이 되면 "곰은 어디로 가야 잠들 수 있지?", "사자는 혼자 자는 걸 좋아해"라고 아이에게 말해주도록 했다. 아이에게는 그 순간 정리가 '이야기 속의 규칙을 따르는 놀이'가 되었다. 몇 주가 지나자 아이는 스스로 "이제 여우도 자야 해요"라며 장난감을 정리하기 시작했다.

정리의 언어는 나이대에 맞춰 진화해야 한다. 2~4세에는 구조보다 리듬이 중요하다. '여기 있던 건 다시 여기에'처럼 반복 놀이 구조를 활용하는 게 좋다. 4~6세에는 카테고리 분류로 확장한다. 동물, 탈것, 큰 것과 작은 것 등을 구분할 수 있기 때문이다. 아이가 7세 이상이 되면 자기만의 방식을 허용해준다. 자신만의 정리 기준을 갖도록 격려하되 너무 간섭하지 않아야 한다.

중요한 포인트는 정리는 '해야 하는 일'이 아니라 '할 수 있는 일'이라고 아이가 인식하는 것이다. 어릴 때부터 정리 습관을 들이면 단순한 생활 습관을 넘어 자기 주변을 스스로 조율하고 책임지는 감각의 기초가 생긴다. 반복해서 강조하지만, 정리의 목표를 완벽한 상태에 두지 않는 것이 중요하다. 하루에 한 번 정리하는 루틴으로 충분하다.

놀이 전과 후에 하는 '정리 노래' 한 곡, 정리함에 붙인 '스티커 한 장'처럼 작지만 반복적인 요소들이 '생활 속의 익숙한 흐름'으로 아이의 몸에 스며든다. 아이의 손끝과 시선에 '질서'라는 감각을 키워주자. 오늘 장난감을 다 치우지 못해도 괜찮다. 중요한 건 아이가 "이건 여기에 두는 거야"라고 말하는 순간이 쌓이는 것이다. 그 순간들이 자기 삶을 스스로 정리할 수 있는 사람으로 자라게 하는 작은 씨앗이 될 것이다.

퇴직과 자녀의 독립: 삶의 다음 장을 여는 정리

삶의 중심을 다시 정리한다

언젠가는 가족도 일도 비켜선 자리에서 '나는 누구인가'를 생각하는 시기가 온다. 퇴직, 자녀 독립. 언젠가부터 집 안이 조용해진다. 그리고 그 조용함은 이상하게 무겁다. 이제는 혼자 있는 시간이 훨씬 길어진다. 아무도 나를 부르지 않고, 어디에도 나가지 않아도 되는 하루. 멍하니 있다 보면 집이 '내가 살아가는 공간'이 아니라 '예전에 살아왔던 흔적들만 남아 있는 박물관'처럼 느껴진다.

나이 든다는 건 삶에서 중심이 이동한다는 뜻이다. 누군가를 위해 살던 자리에서 이제는 나를 중심에 놓아야 하는 시기가 온 것이다. 그 중심을 다시 잡기 위한 정리가 필요하다. 그 정리는 더 이상 단순한 '치우기'로는 충분하지 않다. 중년 이후 퇴직과 자녀의 결혼을 앞두고 있다면 정리하기 좋은 시기다.

이 시기엔 관계에서 중심이 빠진 자리부터 정리하길 권한다. 자녀가 떠나고 직장 생활이 끝나면 남는 건 역할에서 빠진 공간이다. 아이 방, 서재, 작업실, 옷장 등은 겉으론 멀쩡하지만, 그 안엔 이제 쓰이지 않는 기능이 켜져 있다. 예전엔 그 공간이 자리를 만들어줬다. 엄마의 자리, 부장의 자리, 아내의 자리. 하지만 지금은 그 자리를 자신이 다시 선택해야 한다.

아이 방은 '놔두기'보다 '넘기기'를 선택한다. 상자 하나에 기억을 담고, 나머지는 덜어낸다. 업무 공간은 '기억의 방'이 아니라 '지금 하는 일의 방'으로 바꾼다. 명패와 트로피는 보관함에, 책상 위엔 지금 쓰는 물건만 둔다. 공간은 의미를 바꿔야 다시 살아난다.

두 번째는 동선을 다시 짜는 일이다. 동선을 바꾸면 삶의 무게가 달라진다. 가족 중심의 집은 늘 부엌이 중심이고, 거실이 모두의 공간이었다. 하지만 부부가 남아도 각자 혼자 있는 시간이 많아지면 동선도 다시 짜야 한다. 식탁 한 자리를 나만의 공간으로 바꾼다. 컵, 약통 등 꼭 필요한 물건을 두는 자리로 만들어도 좋다. 거실 소파엔 리모컨 대신 책과 향 하나를 놓으면 어떨까. '텔레비전 중심'에서 '머무는 중심'으로 전환하는 것이다. 자주 쓰는 물건은 한 손 안에 들어오게 배치한다. 팔을 들지 않아도 되는 수납을 고려하거나 한 걸음 안에서 해결되는 구조로 만든다. 정리는 근육을 위한 게 아니다. 앞으로의 삶을 지켜주는 기술이 되어야 한다.

세 번째는 늙어가는 집을 보살피는 것이다. 이제부터는 많이 쓰는 것보다 오래 쓰는 것이 중요하다. '어쩌다 한 번 쓸지도 모른다'라는 이유로 남겨둔 물건은 무거운 짐에 불과하다. 어깨가 아프고, 팔이 안 올라가고, 계단이 멀게 느껴질수록 정리가 달라져야 한다. 이때 도움이 되는 팁 몇 가지는 다음과 같다.

- 상단 수납공간은 과감히 비운다. 무릎 아래, 눈높이 중심의 수납으로 재배치하는 게 좋다.
- 옷장은 반만 채운다. 옷걸이도 쉽게 꺼낼 수 있는 거리를 유지한다.
- 낡은 가전은 수리보다 교체를 고려한다. 사용 피로도를 줄이는 쪽으로 선택한다.
- 무엇보다 중요한 건, 내가 좋아하는 것을 중심에 둔다는 감각이다. 좋아하는 찻잔을 손이 닿는 선반에 두거나, 자주 쓰는 립스틱 하나만 화장대에 남겨둔다. 물건이 아니라 그 안에 담긴 생활의 즐거움을 기준으로 정리하는 것이다.
- 마지막으로, 이제는 내가 나를 정리할 차례다. '가족이 필요로 했던 나', '조직이 요구했던 나'가 아니라 지금부터는 내가 기분 좋게 살기

위한 나를 더 많이 봐야 한다. 무거운 것들은 내려놓고 내가 잘 보이는 곳에 나를 다시 놓자. 삶의 중심이 다시 자기 쪽으로 돌아오는 시간이다.

아이가 떠났는데 방은 그대로네요

60대 중반의 윤정 씨 집에 처음 들어섰을 때, 복도 끝에 닫혀 있는 문 하나가 눈에 들어왔다. 윤정 씨는 나를 거실에 앉히고 커피를 내오면서 말했다.

"애들 둘 다 나갔는데요, 방은 아직 그대로예요. 그 방만 보면… 뭔가 손이 안 가요."

나는 바로 일어나 방문을 열어달라고 했다. 문이 열리자마자 한눈에 알 수 있었다. 아이들은 떠났고, 방의 시간은 멈춰 있었다. 책상 위에는 펜과 노트가 나란히 놓여 있었다. 벽에는 고3 시절 친구들이 써준 듯한 응원 포스트잇이 색이 바랜 채 붙어 있었다. 옷장 안엔 고등학교 교복과 교회 수련회 때 입었던 단체 티셔츠가 줄줄이 걸려 있었다. 서랍엔 수능 당일 도시락 봉투까지 그대로 있었다. 나는 속으로 말했다.

'애가 나간 게 아니라 시간만 나갔네.'

자녀를 독립시킨 부모에게서 흔히 보는 풍경이었다. 아이들은 이미 대학에 가고, 취업하고, 독립했는데 방은 몇 넌째 정지 상태다. 왜일까? 그 방이 자녀의 공간이기도 하지만, 부모의 시간과 역할이 덩어리째 들어 있는 장소이기 때문이다. 윤정 씨는 "언젠가 정리해야지"라고 말했지만, 그건 '언젠가 마음의 준비가 되면'이라는 뜻이었다. 나는 단호하게 말했다.

"언젠가는 안 와요. 지금이 딱 '그 언젠가'예요. 시작해봅시다."

나는 윤정 씨에게 물었.

"이 방을 다시 쓸 계획이 있나요?"

그녀는 잠시 뜸 들이다 말했다.

"서재로 바꿔보고 싶긴 했어요. 책도 정리하고, 제 글도 좀 써보고…."

"좋아요. 그럼 지금 이 공간은 누구 거지요?"

그녀는 눈을 동그랗게 떴다.

"이제 제 거죠. 그런데 아이가 와서 보면…."

"엄마가 살아야 아이도 안심하죠. 공간부터 바꿔야 해요."

우리는 바로 정리를 시작했다. 내 방식은 간단하다. 일단 모든 물건을 꺼낸다. '뺄까 말까'는 그다음 문제다. 책상 서랍, 침대 밑, 옷장 위, 책장 안까지 몽땅 꺼냈다. 방은 금세 과거로 넘쳐났다. 윤정 씨는 아이의 수학 노트를 들고 한참을 말이 없었다. 그러다 나를 슬쩍 쳐다봤다.

"이건 그냥 두면 안 될까요?"

나는 단호하게 말했다.

"남겨도 돼요. 그런데 한 상자만요. 상자에 이름을 붙일 거예요. '우리 아이들의 시간'이라고. 그 상자 하나가 방 하나 전체를 차지하지 않게 해야 해요."

사진으로 남기고 싶은 건 사진을 찍었다. 한 장씩 정리하면서 윤정 씨의 얼굴이 달라졌다.

"이거 입고 애가 발표회 때 노래했었어요."

"이건 수능 끝나고 애가 처음으로 울었던 날이에요."

기억이 입 밖으로 나오는 순간 정리가 시작된다. 그녀는 그날 아이의 시간뿐 아니라 자신의 역할을 정리하고 있었다. 우리는 마지막으로 그 방 한쪽에 편안한 의자 하나를 놓았다. 햇빛 잘 드는 자리였다. 내가 말했다.

"여긴 이제 아이가 크는 방이 아니라, 엄마가 쓰는 방이에요."

윤정 씨는 조용히 고개를 끄덕였다.

"이제야 이 방이 살아 있는 것 같네요."

정리는 물건을 없애는 일이 아니다. 그 시절을 통과한 나를 확인하는 일이다. 그렇게 멈춰 있던 시간도 다시 흐르기 시작한다.

출근하지 않는 월요일, 거실이 낯설었습니다

현관에 들어서자 느낌이 왔다. 이 집은 사람이 아니라 습관이 살고 있다는 걸. 퇴직한 지 두 달 된 정우 씨의 삶은 30년간의 공무원 생활 이후 갑자기 멈췄다. 그런데 집은 멈추지 않았다. 소파 위엔 이불이 널브러져 있었고, 식탁엔 약봉지랑 신문이 나란히 놓여 있었다. 컴퓨터 책상엔 먼지 낀 결재 서류 파일이 그대로였다.

"아침에 일어나면 할 일이 없어요. 어디로 가야 할지 모르겠고, 어디에 앉아야 할지도 모르겠어요."

시간은 많은데 자리는 없었다. 정우 씨는 퇴직 이후 혼란스러워졌다. 같은 집인데, 같은 집 같지가 않았다. 출근도 없고 회의도 없으니 식탁, 거실, 현관까지의 동선이 끊겨버렸다. 앉아도 쉬는 게 아니고, 누워도 쉬는 게 아니었다. 모든 자리가 낯설고 허공에 둥둥 떠 있는 느낌. 문제는 사람이 바뀌었는데 집은 그대로라는 점이었다.

정우 씨의 집을 정리해달라고 의뢰한 사람은 그의 아들 부부였다. 성실한 공무원으로 일할 때는 활기가 넘치던 아버지가 퇴임 후 부쩍 우울해 보이는 게 안타깝다고 했다. 이사를 갈 수는 없으니 집이라도 산뜻하게 꾸며보자는 취지였다. 반대하는 정우 씨를 설득한 것은 그의 아내였다. 아이들도 다 출가했으니 집 안에 잔뜩 쌓인 짐들을 싹 치우고 싶어 했다. 정우 씨와 그의 아내의 의견이 달라서 조율이 필요했다. 아들 부부가 아버지를 위해 의뢰한 건이었기에 나는 정우 씨에게 필요한 것을 먼저 살펴보았다. 그러나 사실 거창한 것이 필요하진 않았다. 정우 씨를 위한 정리 솔루션도 단순했다.

1단계는 '앉을 자리'를 만드는 것이었다. 은퇴한 남성들은 집에 자기 공간이 없을 때가 많다. 여기저기 서성이다가 아내의 타박을 받기 일쑤다. 그렇기에 멈춰 앉을 곳부터 확보할 필요가 있었다. 거실 구석의 책상을 창가 쪽으로 옮겼다. 먼지 낀 결재 서류는 몽땅 빼냈다. 그냥 버리기는 조심스러워하길래, 아들이 가져가서 분쇄기로 처리하기로 했다. 플라스틱 서랍도 제거했다. 책상 위를 말끔히 치우고 공책 하나, 펜 하나, 조명 하나를 두었다.

"여기가 오늘부터 선생님 자리예요. 소파, 식탁, 침대는 '지나가는 자리'고요."

정우 씨는 씩 웃으며 고개를 끄덕였다. 사는 사람은 멈출 자리가 필요하다. 집 안에서도 자리가 없으면 불편하기 마련이다. 자기 책상에서 커피를 마시든 신문을 보든 순전히 정우 씨 자유였다. 무질서한 습관 대신 새로운 습관을 들이는 일이었다. 하나의 의자, 하나의 조명, 하나의 습관.

2단계는 아침 루틴 만들기였다. 은퇴 후엔 시간이 많아지지만 정작 하루는 흐르지 않는다. 정우 씨도 하루를 어떻게 보낼지 막막했다고 한다. 아침이 시작되지 않으면 아무것도 시작되지 않는다. 신문을 보거나 책을 읽거나 커피를 내리는 등 아침 루틴을 만드는 게 좋다. 은퇴했다고 마냥 자유롭고 행복한 시간을 보내는 것은 아니다. 루틴을 만들지 않으면 금세 우울해진다.

3단계는 예전 업무의 흔적을 기록으로 남기는 것이다. 퇴직한 사람 대부분이 명패, 임명장, 회의 자료를 그대로 보관한다. 그게 자신이 거기 있었다는 증거이기 때문이다. 그래서 나도 다 버리란 말은 하지 않는다.

대신 정리 기준을 세운다. 상자 하나에 담을 만큼만 남긴다. 회의록은 버리고 상장은 스캔한 후 폐기한다. 의미 있는 물건은 한곳에 모아 '기록 상자'로 명명한다. 책상은 '기억의 자리'가 아니라 '지금 쓰는 자리'여야 한다. 기록은 남기고, 장소는 비워야 한다. 자리가 있어야 새 습관이 들어오기 때문이다.

퇴직 후 정리는 거창한 변화가 아니다. 커피 마실 자리 하나, 아침을 시작할 루틴 하나, 기록을 남길 상자 하나여도 충분하다. 정우 씨는 책상 조명을 켜고 커피를 마시며 이렇게 말했다.

"이젠 집에 있는 게 조금 편하네요."

그 말 한마디가 정우 씨의 현재 삶을 보여주었다. 정리가 끝났다는 증거이기도 했다. 그는 자신의 공간을 새롭게 찾았고, 자신의 시간에 다시 발을 디뎠다.

시니어:
가볍고 안전하게 나이 드는 삶

늦기 전에 시작해야 하는 정리

"은퇴하고, 자식 다 키워놓고, 그때 시간 생기면 천천히 정리하면 되겠죠."

이 말을 믿고 살다가 정말 천천히, 그러나 너무 늦게 손대는 사람들이 있다. 늦게 시작하면 문제가 생기는 이유는 단순하다. 그때는 자기 의지로 못 하기 때문이다. 몸이 안 따라준다. 무거운 걸 못 들고, 의자 위에 올라가는 게 무섭고, 앉았다 일어나는 것도 벅차다. 물건은 줄지 않고, 생활은 피곤해지고, 결국 삶이 집에 눌려버린다. '나중에'란 없다. 지금 덜어야 삶이 가벼워진다.

내가 만난 70대 여성 정희 씨는 남편과 사별하고 혼자 살기 시작한 지 2년째였다. 계단이 있는 오래된 주택에서 다락방과 창고까지 혼자 관리하고 있었다.

"정리를 해야지 해야지 하다가 지금껏 못 했어요."

방 세 개 중 두 개는 거의 창고로 쓴다고 했다. 문을 여니 골판지 상자, 가방, 낡은 카펫, 여름용 이불, 못 쓰는 가전 등이 있었다.

"버릴 힘도 없고, 뭘 버려야 할지도 모르겠어요."

정리하면서 살았다지만, 정희 씨의 정리는 정리가 아니라 버티고 쌓아둔 시간 더미였다. 시니어들의 집 정리를 하루라도 빨리 시작해야 하는 이유는 무엇일까? 늦게 시작하면 도대체 무슨 일이 벌어질까? 우선 물건을 줄일 결정을 본인이 못 하게 된다. 두 번째로 남이 대신 치우는 일이 생길 수도 있다. 세 번째는 중요한 것과 중요하지 않은 것이 뒤섞여버린다는 것이다. 결과적으로 자기 결정권을 잃는다. 정리는 '내가 할 수 있을 때' 해야 의미가 있다. 내가 고르고, 내가 남기고, 내가 줄 수 있을 때 해야 하는 것이다.

그게 아니면 그 물건들이 나를 대표하는 유언이 돼버린다. 사람들이 자주 묻는다.

"지금 뭘 버려야 할까요?"

내 대답은 항상 같다.

"나중에 처리하려고 미뤄둔 물건부터 하세요."

예전 옷 중 '입을지도 몰라서' 남겨둔 것, 고장 났는데 '수리 맡기려고' 놔둔 가전, '이사할 때 쓰려고' 묶어놓은 상자는 지금 쓰지 않는다는 뜻이다. 정리는 버릴 것만 찾는 일이 아니다. 쓸모가 다한 것을 인정하는 용기다. 나이 들수록 중요한 건 공간을 넓히는 게 아니라 내가 잘 쓰는 공간만 남기는 것이다.

내가 매일 사용하는 방 하나, 앉을 자리 하나, 편하게 물건 꺼낼 수 있는 서랍 하나. 이 세 가지만 잘 관리되면 삶은 훨씬 덜 피곤하다. 정리는 결국 '내가 계속 살 수 있는 방식'을 만드는 준비다. 체력 떨어지고, 병원에 자주 가고, 누군가의 도움이 필요한 상황이 오기 전에 내가 주도해서 공간을 만들어야 한다. 그래야 지금도 편하고, 나중에도 덜 미안하다.

"정리? 나중에 해도 되죠."

그 말이야말로 지금 당장 버려야 한다.

편해야 오래 산다

살기 편한 집은 오래 사는 집이다. 나이가 들면 집에서 보내는 시간도 많아지는데, 집이 점점 살기 불편한 구조로 변하고 있다면 큰일이다. 욕실은 미끄럽고, 냉장고 음식은 허리 숙여야 꺼낼 수 있고, 옷장 속옷은 팔을 들어야 닿는다. 서랍은 낮고 깊어서 꺼내려면 무릎 꿇어야 하고, 콘센트는 손 닿지 않는 구석에 숨어 있다. 이게 하루 두 번, 세 번 반복되면 그게 바로 피로고, 그게 바로 병이다.

한번은 이런 집을 정리했다. 60대 중반의 선자 씨는 건강은 괜찮은 편인데 자꾸 어깨가 뻐근하고 무릎이 시리다고 했다. 집을 살펴보니 이유를 알 수 있었다. 욕실 수건 모두가 머리 위 선반에 있었고, 찬장의 그릇은 손목을 꺾어서 꺼내야 했다. 전기밥솥은 바닥 가까이 있었고, 침대 옆 협탁은 너무 낮아서 일어나려면 팔을 뻗어야 했다.

딱 하나만 바꿔도 삶의 피로도가 확 줄어들겠다고 느꼈다. 그래서 이렇게 말씀드렸다.

"지금부터는 예쁜 집 말고 편한 집을 만들 거예요."

편한 집을 만들기 위해서는 무엇이 필요할까? 첫 번째는 고개를 젖히지 않아도 되는 수납이다. 우선 상부장 비우기부터 시작했다. 팔 들고 올리는 습관을 유지하면 60대 이후에 부상을 입을 위험이 크다. 자주 쓰는 물건들을 허리 높이에서 눈높이 사이로 옮겼다. 사용 빈도가 낮은 물건은 박스에 담아 낮은 수납장에 보관했다. 서랍은 너무 깊지 않게, 당기면 바로 내용물이 보이는 것으로 바꿨다.

두 번째는 손을 뻗지 않아도 되는 동선을 만드는 일이었다. 의외로 우리가 많이 하는 말이 있다.

"어디 있었지?"

찾기 위해 움직이는 거리와 시간도 줄였다. 식탁 주변엔 먹는 것만 두고 침대 주변엔 약, 물, 조명 하나를 두었다. 욕실의 수건도 쉽게 꺼낼 수 있도록 수납장을 낮춰 달고, 세제를 놓는 선반도 손 닿는 곳에 두었다. '혹시 몰라서' 높은 곳에 놓은 것들이 정작 급할 때는 발목 잡는다. '혹시 그러다가' 다칠 위험이 크다.

세 번째는 필요한 가구를 새로 장만하는 일이었다. 특히 침대가 중요했다. 발이 닿지 않을 정도로 높으면 내려오다가 다칠 위험이 있었고, 너무 낮으면 일어날 때 불편했다. 앉았을 때 발이 바닥에 닿고, 무릎이 직각 정도가 되는 게 좋다. 기존 침대를 써도 되지만 불편하다면 새로 구입하는 것을 권한다. 의자는 팔걸이 있는 것만 남겼다. 일어날 때 손으로 짚을 수 있어야 관절이 덜 다치기 때문이다. 전선, 매트, 발판은 최소한의 것만 두었다.

정리를 예쁘게 하면 보기 좋다. 하지만 정리를 편하게 하면 오래 산다. 지금 쓰기 편한 구조가 아니면 나중엔 아예 쓰지도 못하게 된다. 시니어의 집 정리는 '있는 걸 유지하는 기술'이 아니라, 앞으로도 쓸 수 있게 구조를 바꾸는 기술이다. 누가 오래 사느냐가 아니라 어떻게 오래 살 거냐가 중요한 시대다. 그리고 그 방식은 지금 내가 물건을 꺼내는 손끝에서 결정된다. 낙상의 80퍼센트는 익숙한 집 안에서 일어난다는 걸 명심하자.

내가 떠난 뒤에도 남는 것

정리를 이야기할 때 사람들이 가장 불편해하는 주제가 있다. 바로 '죽음 이후를 위한 정리'이다.

"아직 멀었는데요."

"너무 쓸쓸한 얘기 아닌가요?"

이런 말을 나도 수도 없이 들었다. 그런데 솔직히 말하면, 쓸쓸한 얘기가 아니라 현실적인 얘기다. 죽음을 준비하자는 게 아니다. 살아 있는 동안, 내가 결정할 수 있을 때 내 삶의 마무리를 내 손으로 준비하자는 얘기다. 누굴 위해서냐고? 남겨질 사람들을 위해서다. 그리고 결국은 나를 위해서도 그렇다.

어느 날 우아한 목소리의 부인이 정리를 의뢰했다. 50대 전후로 예상했는데 만나보니 70대 노부인이었다. 72세 숙영 씨는 두 아들이 외국에 살고, 혼자 지낸 지가 꽤 됐다. 그녀 집엔 사진이 많았다. 남편과 함께한 여행, 가족 행사, 손주들이 재롱 떠는 모습을 담은 사진들은 보기만 해도 행복한 기운이 넘쳐흘렀다. 숙영 씨는 물건을 정리하는 건 괜찮은데 사진을 정리하기가 어렵다고 했다.

"내가 없으면 이걸 누가 볼까 싶어요. 그렇다고 버리긴 싫고…."

나는 사진을 모아 작은 앨범으로 만들자고 제안했다. 큰 앨범 대신 손바닥 크기의 미니 북이 어떠냐고 했다. 사진을 선별한 후 아래에 메모를 달았다.

"제주도에서. 남편이 처음으로 꽃무늬 셔츠 입은 날."

"첫 손주 백일. 삼겹살에 케이크."

숙영 씨는 사진들을 고르며 무척이나 즐거워했다. 사진은 그냥 남기면 기록이다. 기억을 붙여야 유산이 된다. 그다음 숙영 씨가 정리하기 어려워한 것은 아끼던 찻잔 세트였다. 이제는 무거워서 잘 쓰지 않지만 과거의 추억이 깃든 물건이었다. 정리를 '버리는 일'로 생각하면 자꾸 늦어진다. 대신 이렇게 생각하면 훨씬 쉽다.

"이건 누군가에게 줄 수 있을까요?"

숙영 씨는 고개를 끄덕였다. 며느리가 좋아할 것이라고 했다.

"예쁘다고만 생각하지 말고, 하나씩 나눠줘야겠네요."

오랜 고민이 풀린 듯 그녀는 환하게 웃었다. 이렇게 옛날 앨범, 편지, 기념품을 정리해갔다. 남긴다는 건 책임이고, 건넨다는 건 배려다. 정리를 미루면, 남겨진 가족이 당신을 기억하는 방식은 상자, 낡은 이불, 어디선가 나온 옛 영수증이 될 수도 있다.

그게 당신이 바라는 모습은 아닐 것이다. 죽음을 정리의 이유로 삼지 말자. 삶을 덜어내는 기술로 보면, 정리는 덜 무겁다. 살아 있는 동안 내가 선택한 것, 내가 진짜 아끼는 것, 내가 누구였는지 알려주는 것만 남기면 된다. 이건 '쓸

쓸한 정리'가 아니라 나에 대한 기억을 명확하게 정리하는 일이다. 무겁고 복잡한 것보다 가볍고 따뜻한 게 오래 남는다. 정리는 내가 떠난 뒤에도 내가 어떤 사람이었는지 보여줄 수 있는 방식이다. 그리고 정리할 수 있는 시간은 지금뿐이다.

버릴 게 아니라 남길 것을 물어야 할 때

시니어들의 집 정리를 하다 보면 자주 듣는 질문이 있다.

 "뭘 버려야 할까요?"

 시간이 지날수록 그 질문보다 더 중요한 게 있다는 걸 알게 된다.

 "나는 지금부터 무엇을 남기며 살아갈 것인가?"

 우리는 많은 걸 남긴다. 물건도, 말도, 기억도, 습관도. 그런데 정작 '남기고 싶었던 것'이 남는 경우는 의외로 드물다. 옷장은 꽉 찼는데 매일 입는 건 몇 벌뿐이고, 앨범은 수십 권인데 제일 기억나는 사진은 손바닥만 하다. 집 안 가득 쌓인 것들은 내가 누구인지 보여주지 못하고, 내가 살았던 방식만 남긴다. 그러니 지금이라도 묻자.

 "이건 나를 잘 설명해주는가?"

 '비싸게 주고 산 거니까', '엄마가 물려준 거니까', '버리면 아까우니까' 등의 기준으로는 끝까지 남길 물건이 하나도 없다. 남겨야 할 것은 가치와 의미다. 나를 닮은 것, 내가 아끼던 것, 내가 좋아했던 시간이 담긴 것. 정리하며 다시 만난 수첩 하나, 짧은 메모 한 줄, 손에 익은 찻잔 같은 것들이 오히려 내 삶이 조용히 남긴 말이 된다.

  삶의 후반기로 갈수록 사람이 남기는 건 물건이 아니라 삶의 태도다. 나를 아는 사람들이 "저 사람은 깔끔했지"가 아니라 "참 잘 살았지"라고 말하는 게 더 좋지 않을까. 그렇기에 인생 후반에는 어떻게 줄일까보다 무엇을 남길까를 고민해야 한다. 남겨진 물건은 어차피 누군가 치운다. 하지만 남겨진 삶의 태도는 사람들의 기억으로 남는다. 버리는 일이 아니라, 제대로 남기는 것, 그게 바로 정리의 마지막 목적이다.

에필로그 마지막 순간,
우리는 무엇을 떠올릴까?

삶을 사랑하는 또 하나의 방법

우리는 평생 많은 물건을 소유하고 사용합니다. 그러나 인생의 마지막 날 기억에 남는 것은 화려한 물건이나 집, 돈이 아닐 겁니다. 호스피스 병동에서 일하는 간호사들이 공통적으로 이야기하는 사실이 있습니다. 환자 중 그 누구도 마지막 순간에 자신의 물건에 대해 말하지는 않는다는 겁니다. 대신 가족과 함께했던 행복한 날들, 친구와의 추억, 혹은 사랑했던 사람과의 순간을 이야기하며 눈물을 흘린다고 합니다. 이처럼 우리에게 진짜 남는 것은 물건이 아니라 사람들과 나눈 감정의 흔적입니다.

우리는 종종 물건을 통해 자신을 남기려 합니다. 값비싼 유산이나 화려한 소유물은 누군가에게 물질적 도움을 줄 수는 있지만, 그것만으로는 우리의 삶을 온전히 표현할 수 없습니다. 진정으로 남는 것은 물건 자체가 아니라, 그 물건에 담긴 우리의 마음입니다. 물건은 사라져도 마음은 기억 속에 영원히 남습니다.

삶에서 우리가 던져야 할 질문들 중 하나는 '내가 떠난 뒤 남겨진 사람들은 무엇을 기억할까?'입니다. 이 질문은 삶의 끝에서 내가 어떤 사람으로 기억되기를 바라는지 생각하게 합니다. 남겨진 사람들은 우리의 물건이나 성취보다는, 우리가 그들을 어떻게 대했는지를 기억합니다. 떠난 후에도 다른 사람들의 삶에 긍정적인 영향을 미칠 수 있는 태도야말로 우리가 남길 수 있는 가장 아름다운 유산 아닐까요?

오늘이 인생의 마지막 페이지를 넘기는 날이라면

"내 인생의 마지막 장면이 어떤 모습이길 원하는가?"

마지막 순간을 준비하는 삶은 곧 불필요한 것과의 이별을 의미합니다. 내가 진정으로 가치 있게 여기는 물건만 남기고, 나머지는 비워보세요. 내게 상처 주거나 소진시키는 관계도 과감히 정리하세요. 대신 나를 행복하게 하고 성장하게 만드는 관계에 집중하세요. 과거의 후회나 불안한 미래에 집착하기보다는 지금 이 순간에 집중하세요. 지나간 시간을 붙잡지 않을 때 우리는 비로소 더 나은 선택을 할 수 있습니다.

책을 마무리하며 독자 여러분과 함께한 이 여정을 돌아봅니다. 대부분 정리를 단순히 물건을 정리하고 공간을 비우는 일로 여기지만, 실제로는 우리의 삶과 마음 그리고 관계를 재정비하는 더 큰 여정으로 이어집니다.

정리는 끝이 아니라 시작입니다. 물건이 제자리를 찾고, 삶의 우선순위가 분명해지고, 나만의 자리와 방향을 발견할 때 우리는 비로소 새로운 삶의 가능성을 마주하게 됩니다. 정리가 만들어낸 여백은 단순히 비어 있는 공간이 아니라 사랑, 성찰 그리고 성장으로 채울 기회입니다.

이 책을 읽는 동안 여러분도 자신만의 정리 여정을 떠올리셨을 겁니다. 물건을 비우는 과정에서 스스로를 돌아보고, 관계를 정리하며 더 건강한 연결을 만들고, 나만의 자리와 삶의 방향을 새롭게 찾는 경험을 했을지도 모릅니다. 이 모든 과정은 단순히 공간을 깨끗이 하는 것이 아니라 자신을 다시 쓰는 일입니다.

정리의 끝은 더 나은 삶을 향한 새로운 시작입니다. 물건이든 삶이든 완벽하게 정리할 수는 없습니다. 하지만 우리는 정리라는 과정을 통해 혼란 속에서도 중심을 찾고 삶의 흐름을 만들어갈 수 있습니다. 정리된 공간과 마음은 앞으로 여러분의 삶을 더 풍요롭고 행복하게 만들어줄 겁니다.

이 책이 여러분의 삶을 작게라도 변화시키는 계기가 되기를 바랍니다. 더 나아가, 여러분이 자신만의 정리를 통해 삶의 새로운 가능성과 행복을 발견할 수 있기를 진심으로 기원합니다. 정리는 단순히 물건을 다루는 일이 아니라 삶을 사랑하는 또 하나의 방법임을 기억해주세요. 긴 여정 함께해주셔서 감사합니다. 여러분이 자기 삶의 주인으로 살아가며 자신만의 여행기를 남기기를 항상 응원하겠습니다.

체크리스트

나는 공간을
효율적으로 쓰고 있는가?

공간을 효율적으로 활용하고 깔끔하게 유지하기 위해 체크리스트를 활용해보세요. 이 리스트는 물건 배치, 공간 활용도, 그리고 정리 상태를 점검할 수 있는 실질적인 지침입니다. 공간별로 점검하며 필요에 따라 조정해보세요.

기본적 공간 활용 점검
- ☐ 물건이 한눈에 보이게 배치되어 있는가?
- ☐ 자주 사용하는 물건이 손이 닿는 곳에 있는가?
- ☐ 사용하지 않는 물건이 공간을 차지하고 있는가?
- ☐ 물건이 과도하게 채워진 공간이 있는가?
- ☐ 수납공간에 여유 공간(20~30퍼센트)이 있는가?

공간별 체크리스트

거실
- ☐ 리모컨, 책, 잡지가 제자리에 있는가?
- ☐ 전자 기기와 케이블이 깔끔히 정리되어 있는가?

☐ 소파나 테이블 주변이 어수선하지 않은가?
☐ 장식품과 여백의 균형이 적절한가?
☐ 계절용 소품이나 담요는 별도로 보관되고 있는가?

주방
☐ 조리도구와 기본양념은 조리대 근처에 있는가?
☐ 냄비, 팬, 접시 등이 겹치지 않고 정리되어 있는가?
☐ 식재료는 소비기한에 따라 앞뒤로 배치되어 있는가?
☐ 투명 용기를 사용해 냉장고 속 재료가 보이게 정리했는가?
☐ 자주 쓰지 않는 주방 기구는 별도로 보관하는가?

침실
☐ 옷장은 계절에 맞게 정리되어 있는가?
☐ 침대 주변에 필요한 물건만 두고, 나머지는 정리했는가?
☐ 서랍 속 물건이 겹치지 않고 한눈에 보이게 배치했는가?
☐ 옷걸이에 걸린 옷들의 간격이 충분한가?
☐ 계절 침구는 별도로 보관하는가?

욕실
☐ 샤워용품, 세면도구가 용도별로 정리되어 있는가?
☐ 수건은 깔끔히 접고, 물에 젖지 않도록 관리하는가?
☐ 세면대 주변이 어지럽지 않고 간결하게 정리되어 있는가?
☐ 욕실용품이 필요 이상으로 쌓여 있지 않은가?
☐ 자주 사용하는 용품은 손이 닿는 곳에 배치했는가?

현관
- [ ] 자주 신는 신발은 앞에, 가끔 신는 신발은 뒤에 있는가?
- [ ] 열쇠, 지갑, 우산 등이 정리되어 쉽게 찾을 수 있는가?
- [ ] 외출 시 사용하는 물건이 현관 근처에 정리되어 있는가?
- [ ] 현관이 수많은 물건으로 채워져 있지 않은가?

수납 도구 활용 점검
- [ ] 수납 박스, 트레이, 칸막이를 적절히 사용하고 있는가?
- [ ] 라벨링을 활용해 물건의 위치를 명확히 표시했는가?
- [ ] 투명한 수납함을 사용해 내용물을 쉽게 확인할 수 있는가?
- [ ] 맞춤형 수납 도구를 사용해 공간을 최적화했는가?

물건 점검
- [ ] 오래 사용하지 않은 물건이 있는가?
- [ ] 유효기간이 지난 소모품은 정리했는가?
- [ ] 용도가 같은 물건들이 많은가?
- [ ] 감정적 이유로만 보관하는 물건이 있는가?
- [ ] 불필요한 물건을 비우고, 필요 없는 소비를 줄였는가?

정리 루틴 점검
- [ ] 매일 소소한 정리를 하고 있는가?
- [ ] 주기적으로 물건과 공간을 점검하는가?
- [ ] 물건을 사용하고 제자리에 놓는 습관을 유지하고 있는가?
- [ ] 가족과 함께 정리와 수납을 실천하고 있는가?
- [ ] 소비 습관을 개선하고, 불필요한 물건을 들이지 않고 있는가?

부록

오늘 당장 써먹는 정리
kick 10

Keep It   Leave It   Cherish It

Kick 01	집에 두면 가난 바이러스를 퍼뜨리는 물건들 아웃!

'이거 비싸게 주고 샀는데…', '언젠간 쓸 일이 있을지도 몰라…' 이런 생각을 하고 있나요? 바로 그 순간 가난이 슬그머니 집 안으로 기어 들어옵니다. 돈이 새는 집엔 공통점이 있어요. 안 쓰는 물건이 '자산인 척'하며 공간을 점령하고 있다는 것이죠. '부자가 되고 싶다면 당장 버려야 할 물건'은 바로 이런 것들입니다.

1. 자산인 척하는 가난템 리스트

    쓰지도 않는 홈트 기구가 집 안 여기저기 있다고요? 러닝머신은 빨래 걸이가 아닙니다. 거실 한가운데 '양심 테스트용 구조물'로 세워둔 지 오래라면… 이제 안녕, 시원하게 작별 인사를 하세요.

2. 언제 꺼냈는지도 모르는 주방용품

    한 번도 쓰지 않은 믹서, 만두 찜기, 와플 기계. 냉장고 옆을 '가전 박물관'으로 만들고 있다면 부자 기운이 도망갑니다. 누가 봐도 유통기간 지난 화장품도 있죠? 단지 비싸게 줬다고 5년 전에 산 팩트를 보관하고 있다면, 피부가 아니라 추억에 양보하세요.

3. 버리자니 아까운 경품과 사은품

    무료로 받은 텀블러, 에코백, 수건이 집 안을 점령 중인가요? '공짜의

함정'에 빠지면 결국 수납장을 공짜로 넘기게 됩니다.

4. **감정이 섞인 물건**

전 애인과 커플로 맞췄던 텀블러. "고마웠다, 안녕!"이라고 외치고 당장 정리하세요. 옛 텀블러를 치우면 새 인연이 들어올지도? 정리란 새로운 운을 부르는 의식입니다.

정리의 마법 주문

"지금 안 쓰면 앞으로도 안 쓴다!"

지금 당장 집 안을 둘러보세요. "버려야 돈이 들어온다"라는 말은 단순한 미신이 아닙니다. 버리기만 해도 기운이 달라지고, 기운이 달라지면 돈도, 기회도, 좋은 일도 찾아옵니다.

Kick 02 집을 두 배 넓히는 정리법

"우리 집엔 공간이 없어"라는 말을 입에 달고 사나요? 공간이 좁은 게 아니라 물건에 뺏긴 겁니다. 좁은 집을 탓하기 전에 집 안 물건에 퇴거 명령부터 내려보세요. 정리의 달인은 '평수'가 아니라 '배치'로 답을 찾습니다. 집이 좁다면 넓히지 말고 덜어내세요!

1. 버릴 것부터 걷어내자

   공간을 늘리는 첫 단계는 확장 공사가 아니라 '버리기 작전'입니다. 안 쓰는 물건들이 넓게 눌러앉아 있으면 집도 숨이 막혀요.

2. 바닥에서 물건을 들어 올려라!

   바닥은 사람과 반려동물의 공간입니다. 물건은 벽과 선반 위로! 시선이 트이면 마음도 탁 트입니다. '벽을 수납장으로 만든다'라는 생각으로 수직 공간을 공략하세요.

3. 가구도 똑똑해야 산다

   침대 밑이 텅 비어 있다고요? 황금 창고가 놀고 있는 겁니다. 서랍형 침대, 수납형 소파처럼 다기능 가구로 '접고, 쌓고, 숨기면' 좁은 공간도 호텔 룸처럼 변신할 수 있어요. 단, 이건 꼭 필요할 때 쓰는 방법입니다. 물건을 쌓아두는 건 제대로 된 정리가 아니라는 것 아시죠?

4. **색과 형태를 통일하라**

어수선한 이유는 물건 때문이 아니라 '보기 싫은 조합' 때문입니다. 수납함의 색상만 통일해도 30퍼센트는 더 넓어 보입니다. 시각은 공간에 대한 착시를 만드는 연금술이거든요.

=== 정리의 마법 주문 ===

"널 다시 숨 쉬게 해줄게."

진짜 넓은 집은 넓게 사는 사람이 만드는 거예요. 우리도 숨을 쉬어야 살아가듯 공간도 숨을 쉬어야 합니다. 물건을 버리는 게 아니라 공간을 되찾는 겁니다.

Kick 03 | 정리를 유지하는 5가지 원칙

정리의 적은 어지러움이 아니라 '방심'입니다. 정리하자마자 다시 어질러진다면, 문제는 당신이 아니라 물건들이 탈출을 시도하고 있다는 겁니다. 정리의 적은 '먼지'가 아니라 '방심'이에요. 정리 유지의 다섯 가지 무기, 지금 장착하세요.

1. **모든 물건은 자기 집이 있어야 한다**
   누군가 나를 집에서 이유 없이 쫓아낸다면? 엄청난 인권 침해를 당했다고 생각하겠죠? 아무 데나 던져놓는 건 물권 침해입니다. 가위는 가위의 집으로, 리모컨은 텔레비전 옆에 딱! '들고 다닌 건 제자리로 돌려보낸다.' 참 쉽죠?

2. **자주 쓰는 건 1열 VIP석에**
   매일 쓰는 물건이 맨 위 선반에 있다면, 인생을 불편하게 살고야 말겠다는 선언입니다. 자주 쓰는 건 눈높이로, 드물게 쓰는 건 천장 근처로. 정리는 동선과 팔 길이의 싸움이에요!

3. **친구들끼리 모여 살아야 덜 싸운다**
   립스틱이랑 드라이버가 한 서랍에 있다고요? 그건 현실판 '짝꿍 지옥'이죠. 종류별로 모아주면 물건들도 덜 피곤하고 당신도 덜 헤맵니다. 물건 정리를 조별 발표 팀 짜듯 해보세요(잘못하면 학점 펑크 나요…).

4. **수납함은 귀찮음의 방패**
   바구니 하나가 당신의 게으름을 지켜줍니다. 칸막이를 넣기만 해도 서랍은 갑자기 인성 좋아진 학생처럼 착해져요. 정리는 때로 장비발이더라고요.

5. **하루 3분의 마법, 정리 루틴**
   하루 종일 정리하는 건 고문. 하지만 매일 3분은 마법입니다. 자기 전에 '세 개만 제자리로!' 미션을 수행하면 집은 당신에게 은혜를 갚습니다. 정리에서는 '지속력'이 타이밍을 이겨요.

정리의 마법 주문

"정리는 한 번 하는 기술이 아니라
계속 살아내는 리듬이다."

정돈된 공간은 당신을 도와주는 조용한 코치예요. 물건이 제자리에 있으면 생각도 마음도 제자리에 돌아옵니다.

| Kick 04 | 이웃집 백만장자는
이렇게 정리한다 |

돈이 새는 이유는 지갑에 있지 않습니다. 집 안에 있는 구멍이죠. 놀랍게도 진짜 부자들은 '인테리어'보다 '정리'를 먼저 합니다. 돈이 들어오는 흐름을 막는 건 물건이 아니라 물건을 쌓아둔 습관이거든요. 정리를 바꾸면 소비가 바뀌고, 소비가 바뀌면 인생이 달라집니다. 부자들의 정리 습관은 뭐가 다를까요?

1. **있는 것을 먼저 쓴다**
   물건이 안 보이면 없는 줄 알고 또 사죠? 정리가 안 되면 물건은 사라지고, 돈도 같이 사라집니다. 부자들은 살 때보다 살림을 '줄일 때' 더 현명하게 판단해요. '있는 것부터 꺼내 쓰기.' 이게 부자의 기본 정리 스킬입니다.

2. **공간이 아니라 '여백'을 산다**
   명품 가방 하나가 돋보이려면 주변이 정돈돼야 하듯, 부자들의 집에선 '비어 있는 공간'이 가장 비싸게 느껴집니다. 자산처럼 여백을 보존하는 정리는 결국 자기 삶의 품격 유지비예요.

3. **지출도 정리한다**
   수납장을 열면 소비 습관이 보입니다. 안 쓴 화장품, 묵은 옷, 같은 책

세 권 등. 그건 잊힌 카드값입니다. 지출 항목과 비용을 정리하면 '무의식적 소비'가 눈에 보이기 시작하죠.

4. **시간 부자가 되자**

    아침에 양말 한 짝 찾느라 10분, 서류 찾느라 20분…. 아무렇지도 않게 매일 반복하고 있나요? 그 시간에도 부자들은 돈을 벌고 있습니다. 물건 찾는 시간 동안 기회비용을 흘려보내는 거죠. 전기세, 물세 걱정만 하지 말고 새어나가는 시간도 챙기세요.

5. **정리는 '내가 누구인지' 확인하는 일**

    정리는 단순히 물건을 줄이는 게 아니라 '내가 어떤 삶을 원하는가?'라는 물음에 따라 물건을 남기는 선택입니다. 한정판보다 지금 내가 쓰는 일상 도구를 우선하는 것이죠. '브랜드'보다 '가치'가 중심이 됩니다.

정리의 마법 주문

> "정리는 공간의 다이어트이자
> 삶의 체질 개선이다."

가난한 집은 물건이 많고, 부자의 집은 '이유 있는 물건'만 남아 있습니다. 오늘 당신의 집에선 어떤 물건들이 '돈 되는 여백'을 막고 있나요?

Kick 05

옷장 유령 퇴치법

"입을 옷이 없다!" 정말인가요? '진짜 입을 옷'이 없다는 뜻이지 '옷이 없다'라는 뜻은 아니죠. 당신의 옷장은 지금도 넘쳐나고 있거든요. 단지 입지 않는 옷들로요. 옷장 속엔 추억이 아니라 현실이 있어야 해요. 지금 당장 옷장 유령들을 몰아냅시다.

1. **'언젠가'는 오지 않는다**
   '살 빼면 입지', '휴가 가면 입지' 하는 옷들 있죠? 죄송하지만 그 '언젠가'는 통장 잔고와 함께 실종됐습니다. 지금 입지 않으면 앞으로도 안 입습니다. 일단 비우세요. 그냥 비우세요. 무조건 비우세요.

2. **유행이 지구 반대편으로 떠난 옷**
   입으면 스타일이 아니라 시대극이 되는 옷, "이거 2011년에 대박이었는데?"라는 말이 먼저 나오는 옷. 그건 옷이 아니라 '타임머신'입니다. 현실로 돌아오세요.

3. **보풀, 늘어남, 물 빠짐 3단 콤보 옷**
   "집에서 입으려고…"라고 변명하지만, 솔직히 고백해요. 그 옷을 입고 배달도 안 받잖아요. 이미 정리할 타이밍을 놓친 옷들에 집착하지 말아요. 놓아주세요. 이젠 보내줘야 해요.

4. 추억이 과하게 깃든 옷

   전 애인이 사준 코트, 여행지에서 산 원피스, 친구에게 선물받았지만 웜톤인 내가 입으면 어디 아프냐는 소리 듣게 되는 스웨터…. 옷이 사연을 갖고 있으면 옷장은 아수라장이 돼요. 추억은 마음 안에, 옷은 옷장 밖으로.

5. 값만 비싸고 손이 안 가는 옷

   입지는 않는데 '비싸게 사서 버리긴 아깝고' 보관 중인 옷들. 그건 옷이 아니라 미련이에요. 가격이 아니라 빈도, 입는가 아닌가가 기준입니다.

=== 정리의 마법 주문 ===

"입는 옷만 남기면 인생이 덜 피곤해진다."

하루 에너지 중 절반은 아침 옷장에서 결정됩니다. 입을 옷을 고르느라 신경질과 짜증 내는 악순환은 제발 그만. 당신의 옷장엔 '나를 버리지 말라고 외치는 유령 옷들'이 아니라 '나를 매일매일 응원해주는 옷들'만 남아 있어야 해요. 버린다고 후회하지 마세요. 비워야 새 옷도, 새 기회도, 새로운 나도 들어올 수 있으니까요.

Kick 06 좁은 주방 네 배 넓게 쓰기
(feat. 다이소 꿀템)

주방 정리는 살림의 기선 제압! 하지만 쉽진 않죠. 싱크대를 열면 플라스틱 뚜껑이 무더기로 쏟아지고, 수납장은 사은품 그릇의 공동묘지. 이럴 때 필요한 다이소 정리템! 가격은 착하고, 기능은 똑똑하고, 디자인은 귀엽죠. 주방을 바꾸고 싶다면 리모델링 말고 다이소부터 가세요(소곤소곤).

1. **스테인리스 그릇 정리대**
   접시나 도마를 세워 보관할 수 있어서 공간을 절약할 수 있어요.

2. **접시 정리대**
   접시를 겹치지 않고 보관할 수 있으니 꺼내기 편리하고, 깨질 위험도 줄어들어요.

3. **칸막이 정리대**
   팬트리나 서랍 안을 구획화하여 다양한 물건을 정리할 수 있어요.

4. **플라스틱 수납함**
   양념류나 작은 주방 도구들을 깔끔하게 보관할 수 있어요.

5. **흡착식 다용도 걸이**
    수세미나 행주 등을 걸어두기 좋고, 벽면도 잘 활용할 수 있어요.

=== 정리의 마법 주문 ===

> "주방을 정돈하면
> 요리는 기술이 아니라 놀이가 된다."

정리는 그릇을 겹쳐 쌓는 일이 아니라 살림의 동선을 재설계하는 일이에요. 도마를 바로 꺼내며 수저를 한 번에 찾을 수 있고 라면 냄비가 제자리에 있을 때 요리보다 생활이 편해졌음을 느끼죠. 칸막이 하나, 훅 하나로 시작해보세요. 공간이 바뀌면 기분이 바뀌고, 기분이 바뀌면 오늘 하루도 맛있어집니다.

Kick 07 — 우와! 냉장고야, 음식 호텔이야?

냉장고 문을 열자마자 우유가 넘어지고 케첩은 실종 상태, 고춧가루 통은 뒤집어진 채 눈치를 보고 있다면? 단순한 보관이 아니라 혼돈의 창고죠. 냉장고가 어지러우면 요리 의욕도 사라지고, 음식물 쓰레기는 늘고, 식재료는 오늘도 억울하게 죽어갑니다. 냉장고 정리는 식재료에 대한 예의이며, 집안 살림의 기본 중 기본이에요. 우리 집 냉장고를 '음식 호텔'로 만드는 법, 이렇게만 하세요.

1. **식재료 분류는 기본 중 기본!**
육류는 육류끼리, 채소는 채소끼리! 분류만 잘해도 요리할 때 '찾느라 생기는 분노'가 줄어들어요. 어울리지 않는 재료는 옆 칸으로 고고~!

2. **투명 용기=냉장고의 창문**
안이 보이지 않는 용기는 곧 '묻지 마 실종 사건'의 시작. 투명 용기만 잘 써도 냉장고 문 여는 시간이 10초 줄고, 장 보는 돈이 줄어요.

3. **비닐 대신 용기, 쌓기 대신 정렬**
라벨링은 냉장고의 언어입니다. '이걸 언제 샀더라?' 하는 생각이 들면 이미 늦은 겁니다. 냉장고에 식재료를 넣을 땐 날짜와 이름을 딱! 포스트잇 한 장이 음식과의 오해를 막아줘요.

4. **사용 빈도로 위치를 정하자**

   매일 꺼내는 달걀과 물은 눈높이에, 자주 안 쓰는 육수나 페이스트는 아래 칸이나 깊숙한 곳으로. 손이 닿는 위치에 필요한 것만!

5. **냉장고 문을 베란다로 생각하자**

   냉장고 문은 온도 변화가 가장 심한 구역이에요. 우유나 생고기는 안쪽으로, 소스류나 음료수만 문 쪽에 두세요. 변하기 쉬운 음식은 절대 노 놉!

6. **칸마다 용도 정해주기**

   아무 데나 넣으면 아무 데서도 못 찾아요. 위치만 고정해도 가족 모두가 행복해져요. '이건 아빠 반찬 칸, 이건 도시락 준비 칸.' 서로가 편해지는 질서를 만드세요.

7. **냉장실보다 냉동실이 더 복잡하다**

   냉동실 안은 '묻고 더블로 가기'의 현장. 지퍼백에 분류하고 평평하게 눌러 보관하면 공간이 두 배 넓어져요. 큰 고깃덩어리는 나누어 소분, 이름과 날짜는 꼭 적기!

8. **바구니로 구획을 나눠라!**

   종류별로 바구니에 담으면 냉장고가 깔끔해지고, 물건 꺼내기도 쉬워요. 뚜껑 있는 건 아래, 자주 여는 건 위에. 바구니는 미니 수납장이에요.

9. **일주일에 한 번은 냉장고와 대화하세요**

   '소비기한 끝난 거 없니?', '너 아직 있었구나?' 냉장고 정리란 '살아 있는 식재료'와의 관계 유지입니다. 매주 10분 정기 점검은 필수예요.

===== 정리의 마법 주문 =====

"괜찮아, 뭐든 만들 수 있어."

정돈된 냉장고는 보기도 좋고 건강과 지갑도 지켜주죠. 음식물 쓰레기 줄고, 중복 장보기도 사라져요. 정리된 냉장고를 열어보는 순간 "오늘 뭐 먹지?"에 대한 답이 보입니다. 오늘 먹을 한 끼를 준비할 때마다 냉장고와 싸우며 '식재료 찾기 전쟁'을 치르지 말고, '식재료와의 협업'을 해보세요. 나를 돌보는 확실한 시작입니다.

| Kick 08 | 미니멀 라이프를 꿈꾼다면 이렇게! |

미니멀 라이프를 실천한다고 해서 다 버려야 하는 건 아니에요. 하지만 '언젠가 입을지도 몰라', '기념품이라서…', '그냥 있어 보이니까!'로 쌓인 물건들이 내 집에 눌러앉아 방세도 안 내고 공간을 점령 중이라면 이야기 좀 해야겠죠? 비운다는 건 없애는 게 아니라 나에게 꼭 맞는 걸 남기는 일이에요. "이건 남겨도 될까요?" 미니멀 라이프를 꿈꾸는 당신에게 세 가지 기준을 알려드릴게요.

1. **지금 안 쓰면 앞으로도 안 쓴다**
   입지도 않으면서 5년째 '그냥 있으니까…' 있는 옷. 쓰지도 않으면서 '비싸게 샀으니…' 놓지 못하는 기계. 물건이 아니라 미련의 형체예요. 기준은 단 하나, 지금 쓰는가? 안 쓰면 바이 바이!

2. **이 공간, 뭐 하는 데더라?**
   책상이 화장대가 되고 소파엔 옷이 잔뜩 놓여 있다면? 주방엔 주방용품이 있고 욕실엔 욕실용품이 있어야 하는 것처럼 공간에도 역할이 있어요. 장소에 맞는 물건만 남기세요. 마음도 가벼워져요.

3. **내 삶이 바뀌면 물건도 바뀐다**
   예전엔 캠핑이 취미였지만 지금은 바깥 공기만 맡아도 피곤하다면?

당신이 변했다면 물건도 재배치해야죠. 계절이 바뀌면 옷도 갈아입듯, 삶도 물건도 업데이트가 필요해요. 한 달에 한 번, 내 삶에 안 맞는 물건을 정리하는 시간을 가지세요.

정리의 마법 주문

"나는 가볍게 살기를 원한다."

물건은 줄었는데 더 풍요롭게 느끼는 것. 이게 바로 미니멀 라이프의 역설이자 마법이에요. 버리면 아까운 게 아니라, 안 버리면 아까운 게 생겨요. 공간, 시간 그리고 집중력이죠. 집 안이 덜 복잡하면 머릿속도 덜 복잡해지고, 눈에 보이는 여백만큼 마음에도 숨 쉴 틈이 생깁니다. 미니멀 라이프는 가난한 삶이 아니라 '내가 무엇으로 채울지를 선택하는 삶'이에요.

| Kick 09 | 바구니 하나로
정리 끝내는 법 |

"리모컨 어디 갔지?" "핸드크림 어제 여기 있었는데…" "이어폰은 또 어디로 증발한 거야?" 매일매일 작은 분실 사건을 겪고 있다면 그건 정리의 문제가 아니라 물건들의 항의 시위예요. 물건이 흩어진 이유는? 바구니가 없어서입니다. 수납은 크기보다 명확함이 중요해요. 바구니 하나면 질서가 생기죠.

1. **물건에도 루틴을 주세요**

    공간마다 '테마 바구니' 하나씩을 놓아보세요. 물건들이 아무 데나 떠돌지 않게 각 공간에 '지정석 바구니'를 주는 거죠. '이 물건은 여기!'라는 습관이 정리의 기본 동선이 돼요. 공간이 좁다고요? 작은 손잡이 바구니면 충분해요.

2. **거실 바구니엔 리모컨, 안경, 핸드크림**

    텔레비전 보다가 찾는 건 늘 같은 물건이잖아요. 거실 테이블 아래 바구니 하나에 '생활 루틴템'을 모아두세요. 찾는 시간이 줄면 소파에서 일어나는 횟수도 줄어요.

3. **현관 바구니로 '출근 전 분주함' 해결**

    마스크, 우산, 지갑, 립밤 등 외출할 때 찾는 것들을 현관 선반 위 바구니에 싹 모아두면? 지각할 일도, 현관에서 두리번거릴 일도 줄죠. 출근 시간 줄어드니 완전 럭키비키!

4. **침대 옆엔 '나이트 루틴 바구니'**
   핸드크림, 립밤, 수면 안대, 이어폰, 읽던 책 한 권까지. 잠들기 전 손 닿는 곳에 바구니 하나 있으면 하루를 정돈된 감정으로 마무리할 수 있어요.

5. **욕실, 주방, 서랍 속까지 바구니 한 방이면 끝**
   방마다 굴러다니는 핸드크림? 찾으면 없는 고무줄? 바구니는 헤매는 물건들의 피난처예요. 집 없는 물건들도 '한 바구니 아래'에서 평화를 되찾아요.

정리의 마법 주문

"물건에 작은 집을, 나에게는 큰 여유를 주자."

정리는 거창하게 시작할 필요가 없어요. 바구니 하나만 놓아도 하루 동선이 단순해지고, 눈에 보이는 질서가 생기죠. 바구니는 싸고 가볍지만 그 영향력은 프리미엄 시스템 정리 못지않아요. 딱 하나만 바꾸고 싶다면 지금 눈앞에 있는 '흩어진 물건들'한테 '이 바구니에서 살래?' 하고 제안해보세요. 오늘 당신의 첫 바구니는 어디에 둘 건가요?

Kick 10 | 월세, 전세, 자가 정리 꿀팁

"여긴 내 집도 아닌데 뭘 그렇게까지 정리해?" "이사 갈 거니까 대충 쓰지 뭐." "언젠가 리모델링할 거니까 지금은 그냥…." 이렇게 살다 보면 물건은 안 줄고 스트레스만 쌓입니다. 계속 이렇게 살 건가요? 월세든 전세든 자가든 '정돈된 공간에서 받는 위로'는 느낄 수 있어요. 그러니 정리를 통해 '여기서' 잘 살아봐요.

1. 월세: 이사 많은 인생, 가볍게 살아요

• 수납은 가볍게, 조립은 간단하게
이사할 때마다 욕 나오는 무거운 책장? 그건 아니죠. 해체도 쉽고 이동도 쉬운 수납 가구가 정답입니다. 공간을 차지하지 않고 내 손길을 도와주는 가구만 남기세요.

• 벽은 건드리지 마세요, 접착템으로 해결!
보증금 돌려받고 싶다면 못질은 금물이죠. 접착식 선반, 흡착식 훅, 스탠딩 정리대면 충분해요. 벽에 못 하나 안 박고도 정리를 잘할 수 있습니다.

• 짐은 최소화, 여백은 최대화
'언젠가 쓸지도…'라고 생각하는 물건, 이사 때마다 풀지도 않고 박스 그대로 고정 멤버 아닙니까? 월셋집의 기본 정리는 '짐을 줄이는 것'입니다.

2. **전세: 2년 이상 살아야 하니 정리는 본격적으로**

   - **공간에 맞춘 맞춤형 수납 가구**
   자투리 공간에 딱 들어맞는 슬림 수납장, 식탁 겸용 선반, 이동식 트롤리 같은 똑똑한 가구가 필요해요. 주거 안정성이 올라갔으니 정리도 한 단계 업그레이드할 차례죠.

   - **벽면은 황금 공간! 안 쓰면 손해**
   벽은 단순한 벽이 아닙니다. 수직 수납의 골드 존! 훅, 선반, 펀칭 보드로 공간을 위로 확장해보세요.

   - **정기 점검은 반년마다 필수!**
   살다 보면 쌓이는 건 먼지뿐만이 아니에요. 반년마다 '이거 왜 있지?' 특집 한 번씩 하세요. 잘 정리하려면 쌓이기 전에 막아야 합니다. 스트레스가 줄어드는 건 덤이에요.

3. **자가: 이제는 진짜 내 공간, 장기전 들어갑니다**

   - **구조를 바꿔도 되는 유일한 집!**
   필요하다면 붙박이장 설치하고 벽도 살짝 뜯을 수 있는 집이죠. 나에게 맞게 커스터마이징할 수 있다는 게 최고의 이점! 정리도 이제는 집 자체를 설계하는 수준으로 가야 해요.

   - **고정식 수납은 투자, 절대 낭비 아님**
   무거운 장식장 대신 빌트인 수납, 붙박이 선반으로 한 방에 해결. 자가라면 수납은 미관이자 효율이자 자산입니다.

   - **장기 보관 물건은 '기억 보관소'로**
   졸업 앨범, 첫 휴대전화, 손때 묻은 카메라, 아기의 첫 신발 같은 것들. 추억을 버리진 말고, 구역을 지정해서 예쁘게 보관하세요. 감성도 살고 공간도 살아요.

정리의 마법 주문

"내가 사는 집이 아니라
내 삶이 사는 공간을 만들자."

월세든 전세든 자가든 집은 '당분간 머무는 공간'이 아니라 지금 내가 가장 많이 머무는 현실 그 자체예요. 당장 집을 더 예쁘고 편하게 만드는 게 삶의 질을 1초 만에 올리는 방법이죠. 오늘은 집을 한번 둘러보세요. 어떤 물건이 떠날 준비가 되었고, 어떤 공간이 새롭게 태어날 준비가 되었나요? 정리는 집을 바꾸는 게 아니라 일상을 가꾸는 일이에요.

남길 것 버릴 것 간직할 것

초판 1쇄 인쇄	2025년 8월 4일
초판 1쇄 발행	2025년 8월 18일
지은이	정희숙
기획편집	김하나리
구성 및 스토리텔링	스토리베리
교정교열	강진홍
디자인	studio forb
책임마케팅	최혜령, 박지수, 도우리
마케팅	콘텐츠IP사업본부
경영지원	백선희, 권영환, 이기경, 최민선
제작	재영 P&B
펴낸이	서현동
펴낸곳	㈜오팬하우스
출판등록	2024년 5월 16일 제2024-000141호
주소	서울특별시 강남구 테헤란로 419, 11층 (삼성동, 강남파이낸스플라자)
이메일	info@ofh.co.kr

ⓒ 정희숙, 2025

ISBN 979-11-94930-81-5 (03190)

· 큰숲은 ㈜오팬하우스의 출판브랜드입니다.
· 이 책은 저작권법에 따라 보호받는 저작물이므로 무단전재와 무단복제를 금지하며, 이 책 내용의 전부 또는 일부를 이용하려면 반드시 저작권자와 ㈜오팬하우스의 서면동의를 받아야 합니다.
· 책값은 뒤표지에 표시되어 있습니다.
· 잘못된 책은 구입하신 서점에서 바꿔드립니다.